哲学の本棚

書評集成

寄川条路

晃洋書房

まえがき　哲学の本棚

これまでに書き連ねてきた書評を一冊の本にまとめてみた。こうしてまとめてみると、一つひとつの書評はそれぞれ別の本を対象にしていながら、全体としてはそれなりのつながりを持っているように見える。取り上げられた対象はたがいにかかわりがないにもかかわらず、対象を扱う主体が同一なのだから、それも当然のことなのかもしれない。

まずは、専門の初期ヘーゲルについて、文献学的・発展史的に手堅く評していくことから出発し、そこから、哲学と宗教との関係を問い直すことになる。日本のヘーゲル研究書を読むと、ドイツの研究とのちがいが気になって仕方がない。むろん、日本には日本のヘーゲル研究があってもよいのだが、ケータイにスマホではないが、ガラパゴス化した日本のヘーゲル研究を何とかしたいものだ、という思いも浮かんでくる。

つぎに、気を取り直して、ヘーゲル国家論の古典から現代日本の最先端のヘーゲル研究を紹介してみた。いずれも、これまでの研究成果を批判的に受け継いで、そこから一歩出たところで独自の研究スタンスを確立したもので、日本のヘーゲル研究のお手本といってもよいものを取り上げている。

そして、ヘーゲル哲学の持つ体系性・完結性を突き崩すものとして、後期シェリングの芸術論、神話論を配置した。かねてよりシェリングの『自由論』を手がかりにヘーゲルの主著『精神現象学』を脱構築しようとする試みはあったものの、後期シェリングの神話論や芸術論を手がかりに、ドイツ観念論を総体的に脱落させようとする試みはもっと注目されてよいように思う。

さらに、ポストモダニズムの行き着いた日本の思想状況を敷衍するためにも、ここで、最新の東アジアの哲学研究の動向を押さえておくのもよいだろう。昨今では、中国、台湾、韓国、日本で、留学組による学会レベルでの国際交流が盛んになり、母語ではなく英語で、またはドイツ語やフランス語を使って交流するのも当たり前になった。

最後は、しっかりと足元を固めるためにも、私たちが日々直面している問題を目の前に見据えて、今後の進み行きを定めることのできるようなガイドラインを引いてみた。これによって本書は、たんなる書評集を超えて、一冊の著書としての役割を果たすことができるだろう。

哲学の本棚——書評集成——

目　次

第Ⅰ部

哲学と宗教

第1章　形而上学への道
——久保陽一『初期ヘーゲル哲学研究——合一哲学の成立と展開』（東京大学出版会、一九九三年）

はじめに

本書は、著者が初期ヘーゲルに関してこれまでに発表してきた論文をまとめたものである。著者はそれを「形而上学への道——初期ヘーゲルにおける合一哲学の展開」と題して博士論文として提出し、資料の邦訳を追加して「初期ヘーゲル哲学研究——合一哲学の成立と展開」という題に改めた。本章では、まずは、著者の叙述に沿って立論を整理し、本書を総論的に紹介することにして、つぎに、著者の論証のなかから、これまでの研究にはない新たな視点を見いだし、本書の特徴と独創性を際だたせることにしたい。そのうえで、本書に対する疑問点と批評を付け加えることにする。

1　合一哲学の成立

本書の主題は二つある。一つは、初期ヘーゲル哲学の展開をテュービンゲン時代からイェーナ時代にかけて考察し、ヘーゲルの形而上学とそれにもとづく哲学体系の意味をとらえることである。もう一つは、カントの形而上学批判にもかかわらず企てられたヘーゲル形而上学の正当性を解明するため、ヘーゲルの形而上学にもとづく哲学体系をイェーナ時代初期にはじめて生成したものとして発展史的に考察することである。著者の意図は、ヘーゲルの思想を形而上学が成立するにいたる過程において解釈して、形而上学の秘かな根拠を見いだすことである。そして、形而上学の着想にいたる初期ヘーゲル哲学の展開のなかに、カントの批判に耐えうるような絶対的なものの認識への通路を見いだし、後期の哲学体系へと展開していく「理論的ポテンシャル」とその現代的意味を求めることである。

著者は一方で、文献学的研究の進展をもとに、初期ヘーゲルの思想を宗教と政治の側面から見るだけではなく、哲学そのもの発展史的連関のなかで見直していく。具体的には、フランクフルト時代当初の「主観と客観との合一」という原理が、フランクフルト時代後期に分裂と反省を容認することによって「結合と非結合との結合」という生の思想に転じ、さらには「同一性と非同一性との同一性」と表現される思弁的理念へと展開するという。他方で、ヘーゲルの形而上学がもつ秘密は、初期ヘーゲルの宗教論における合一哲学の展開のうちにも探られる。イェーナ時代以後の著作では明らかにされない、ヘーゲルの形而上学とカント形而上学批判の意味が、初期ヘーゲルの宗教についての存在論的考察から明らかにされる。初期ヘーゲル哲学は、宗教と国家という形而上学的ではない領域から形成され、イェーナ時代はじめに形而上学とそれにもとづく哲学体系へと展開していく。したがって、本書は、イェーナ時代以後の体系を基準にしてそれ以前の思想を分析するのではなく、イェーナ時代以前の意図や性格や問題点からそれ以後の意味や正当性をとらえる。それによって、ヘーゲルの形而上学と哲学体系の意味を内在的かつ批判的にとらえることになる。しかし、テキストの内在的解釈にとどまるのでなく、思想内容を時代の状況や思想という外的事情との連関でとらえ、思想形成を内面的な要因と外面的な要因の相互作用を通して明らかにしていこうとする。そして、ヘーゲル思想の特質を思想の「構図」（コンステレーション）のなかで見きわめようとする。

初期ヘーゲル哲学の展開に関して、著者が本書のなかで取り上げる問題はつぎの三つである。第一に、テュービンゲン時代からベルン時代にかけての「合一哲学以前」の思想はどのような問題を扱い、どのような意味でカント主義であったのか。第二に、フランクフルト時代はじめに、カント主義から「合一哲学への転換」はどのようにしてなされたのか。第三に、フランクフルト時代からイェーナ時代はじめにかけて、どのようにして「合一哲学の展開」がなされ、形而上学と哲学体系が構築されるようになったのか。これらの問題をつぎに見ていくことにしたい。

第一章「合一哲学以前」において、著者は、「テュービンゲン時代の国民宗教」から「ベルン時代のカント主義」への転換ではなく、むしろ、両者を合一哲学以前における一つの立場の連続的展開とみなしている。ヘーゲルの思想の骨格は、テュービンゲン時代からベルン時代における『国民宗教とキリスト教』においてはじめて形成され、国民宗教を基準にして既成のキリスト教を批判し、キリスト教をドイツの国民宗教として再興しようとする構想である。ベルン時代中期には国民宗教から逸脱してカントの理性宗教に傾いていくように見えるが、ベルン時代全体を通してテュービンゲン時代以来の構想は保持されている。全体的構想の連続のなかで、テュービンゲン時代末からベルン時代初期の「国民宗教とキリスト教批判」、ベルン時代中期の「カント主義への傾倒」、ベルン時代後期の「実践理性要請論批判」がたどられる。

第二章「合一哲学への転換」において、著者は、ヘーゲルがフランクフルト時代にカントの立場を捨てて合一哲学に転換し、新たな形而上学への道を歩むようになる思想革命のうちに、ヘーゲル哲学の特質を見いだしていく。ヘーゲルは、一方で国民宗教としてのキリスト教批判、歴史哲学の視点、想像力の宗教というモチーフを保持しつつ、他方ではカントの理性をヘルダーリンの愛に改めていこうとする。この転換にはヘルダーリンのフィヒテ批判と時代の危機という外因だけでなく、ヘーゲル自身のベルン時代末のモチーフが転換の内的素地をなしていたという。

第三章「合一哲学の展開」において、著者は、ヘーゲルがフランクフルト時代後期に合一の原理のうちで分裂を容認し、新たな形而上学を構想するにいたる過程を追っていく。そこには、生の思想内容として、一方では主体的な「人間」の契機、他方では人間を包み越えた「自然」の契機が含まれている。この両契機がどのように連関していくのかが本書のもっとも重要なテーマである。分裂の容認への展開は、人間から人間を包み越えた自然への視点の展開を伴っており、ヘーゲルの美的宗教の思想は「人間と自然との対話的連関」のなかで形成展開されていく。この連関が形而上学のみならず歴史と宗教にも展開することによって実定性の問題の解決が試みられ、そこから形而上学にもとづく哲学体系が求められる。したがって、フランクフルト時代からイェーナ時代への展開は、宗教から哲学への転換というよりも、フランクフルト時代以来の合一哲学の展開とみなされる。

著者によれば、初期ヘーゲルの基本テーマは、宗教および政治的疎外からの回復である。そのための課題は、ドイツの国民宗教としてキリスト教を再興することである。このためにも、歴史哲学の視点と想像力の宗教の視点は保持される。ベルン時代のヘーゲルは、一方で「理性」の視点からキリスト教の理念を示し、他方で「歴史」の視点から既成のキリスト教を批判し、「国民宗教とキリスト教批判」の構想を展開していく。しかし、フランクフルト時代には、理性のカント的道徳神学の視点は「愛」の合一哲学の視点に転換する。そこから、カントの形而上学批判も認められなくなり、新たな形而上学の可能性が開かれてくる。これは、カントの認識論に基礎づけられた近代的な知のあり方を存在論にもとづき批判することである。カントの考え方を実定宗教の基礎として批判し、それに合一哲学の存在概念を対置して、そこから、愛に「美的宗教」の可能性を模索していく。美的宗教をめぐる思索の深化の結果、形而上学の思索が芽生えてくる。合一は人間の世界に対する態度（愛）から、人間を包み越えた絶対的なもの（自然・生・神性）における合一という意味に進展し、分裂を排除する立場から、合一の原理のうちで分裂を容認する立場となり、合一と分裂の合一が唱えられる。したがって、イェーナ時代の哲学体系は合一哲学が展開したものである。人間と自然の対話が理念と生の二重構造に展開して、そこから哲学構想が生じてくる。著者はこの哲学構想に、のちの哲学体系へと展開していく「理論的ポテンシャル」を認め、「批判的実践的な存在論」としての現代的な意義も認めている。

2 合一哲学の展開

著者によれば、最近の研究では合一哲学の展開が取り上げられるようになったが、しかしそれでもなお、これまでの研究ではつぎのような点が明らかにされてこなかった。第一に、どのようにして人間の世界に対する態度が人間を包み越えた自然の立場へと展開していくのか。第二に、どのようにして合一か分裂かの二者択一から分裂を容認した合一へと展開していくのか。とくに『キリスト教の精神』の腹案と初稿と改稿における分裂容認の発展史的連関が、「人間的諸関係の補全の連関」と「自然の運命的連関」のなかで考慮されてこなかった。第三に、形而上学にもとづく哲学体系へと連続していくような転換は、思想全体の結構をなす「有限者と無限者との連関」のなかで、どのようにしてとらえられるのか。これらの問題点について、第三章「合一哲学の展開」において提示された著者の解釈を要約するとつぎのようになる。

第一節は、『ユダヤ精神』の成立を考察して、ヘーゲルがフランクフルト時代のはじめに、カントの道徳神学およびヘルダーの想像力の宗教からヘルダーリンの愛の宗教に転じたことを認める。そこにヘーゲルの合一哲学が生成するが、愛は悟性と理性という分裂の立場を排除する「人間の世界に対する態度」として考えられていた。しかし、『ユダヤ精神』第七予稿において、人間の立場から「人間を包み越えた絶対者の立場」に転換する。そこでは、ヘーゲルは人間の歴史を「自然」の自己展開としてとらえている。その後、『キリスト教の精神』では、「生」と「神性」が自然と同じ意味で用いられることになる。

第二節は、『キリスト教の精神』の諸稿を考察して、腹案においてはじめて、合一の原理のなかで分裂が、一方では「人間の世界に対する態度」として、他方では「自然の立場」として容認されることがわかる。この展開は、美的宗教の構想を通じて、一方では「人間的諸関係の補全の連関」として、他方では「自然の運命的連関」として生じてくる。人間と自然の同一性は認められても、しかし、分裂の要素は「静態学的人間学的」にしか容認されていない。初稿では、人間的諸関係の補全の連関に自然の運命的連関の考え方が刻印され、分裂の要素は「動的連関」において認められることになる。しかも、分裂の容認は、分裂に対立する合一を固執するかたちでなされる。改稿では、人間的諸関係の補全の連関が自然の運命的連関のもとにさらに包摂され、分裂の要素が必然的な契機として容認されるにいたる。ここで、人間と自然の合一と分裂との総合という「対話的連関」が生の三段階的発展において示される。

第三節と第四節は、形而上学にもとづく「哲学構想の成立」を考察して、『キリスト教の精神』では、運命の問題が残り、生の自己反省が明示されてはいなかった、ということが確認される。ヘーゲルはフランクフルト時代末に、実定性の問題を歴史と形而上学と宗教において解決しようとする。人間と自然の対話的連関にもとづく「有限者と無限者との連関」についての形而上学的考察が、イェーナ時代には、概念形式と体系構想に変容していく。したがって、フランクフルト時代における合一哲学を人間と自然の連関として解釈することによって、合一哲学は、有限なものと無限なものの連関の形而上学的考察と哲学体系が主題となるイェーナ時代の思想へと展開していくことができる。

著者の議論に従えば、つぎの点に本書の独創性が認められる。分裂を容認するにいたる展開については、ヘーゲルの初期の著作『愛』および『キリスト教の精神』の初稿と改稿の相違にかかわる最近の研究によって確認されている。初稿では主体と客体の合一としての愛が、改稿では自己を多様化するものとしてとらえられる。対立の合一の原理でしかなかった理念が、改稿により合一と対立を含む統一の理念に変わっていく。著者はさらに『キリスト教の精神』の腹案と初稿のあいだにおける分裂を容認する仕方の相違を指摘し、従来の研究を補足しようとする。初稿と改稿の相違のみならず、腹案と初稿にも分裂の要素は容認される。腹案ではじめて合一の原理のうちで分裂が正当化され、感情と反省の総合としての宗教が愛の制限を克服する。初稿では分裂が動的連関において、自然の自己回帰のもとで容認されるが、反省の制限という領域の問題が生じてくる。この問題は改稿で解決され、その結果、分裂の必然性が人間と自然の対話的連関のうちで認められる。

著者の議論のモチーフは、人間と自然の対話的連関を通じて合一哲学の展開を追うことである。人間的諸関係は、自然の分裂として根源では自然の変様である。人間は自然に帰属しながら、相対的に存在しつつ自然から反作用を受ける。両者は対話によって相互に補完しあう連関のうちにある。対話とは、一方で人間は運命を通した自然の促しに応答し、自らの既成の立場を超越して克服するとともに、他方で自然も人間の世界に対する対応の仕方に応じて現れたり隠れたりし、両者は互いに応答しあうことを意味する。自然から相対的に独立した人間の営みが、自然からの反作用により没落し、自然の運命に包摂される。

人間と自然の対話を神学的・形而上学的に表現すると「無限者と有限者との連関」となる。著者はここに哲学ないし形而上学の芽生えを見る。ヘーゲルの新たな形而上学は、無限なものと有限なものの対話、絶対的なものと人間の対話を考察する。この連関は「生の意識」を通して開示される。絶対的なものは人間によってはじめてとらえられ再現されるが、絶対的なものそのものは人間に先行しており、有限なものは絶対的なものの自己分裂（疎外）によってはじめて存立する。このように人間が自己を絶対的なものとの関連でとらえる意識が生の意識である。神の自己関係であると同時に人間の経験の過程でもあるような、無限なものと有限なものの協働において生じる出来事が、すなわち、概念によって把握され表現された神事が、カントが批判したかつての形而上学に代わる新たなヘーゲルの形而上学の内実をなしている。哲学は人間と自然の対話を、概念によって意識のなかで、学問認識の普遍的な次元において、反省と理性の協働による有限なものと無限なものの連関として再現していく。形而上学はこうした対話の存在論である。著者は、ヘーゲルの最初の哲学構想を人間と自然の対話の洞察にもとづく「批判的実践的な存在論」と理解して、今日においても十分に意義を持つものと考える。

3　形而上学への道

本書を全体として見ると、綿密で手堅い研究という印象を受ける。なかでも、ヘーゲルのベルン時代からフランクフルト時代への発展、そして初期イェーナ時代へのさらなる発展を、「人間的諸関係の補全の連関」と「自然の運命的連関」の関係のなかで連続したものとして示している点で、いままでのヘーゲル研究にはない独創的な解釈を提示することに成功している。また、初期ヘーゲルの思想史的発展を一貫した「形而上学への道」として特徴づけて、その過程を詳細に論証している点にも同じことがいえる。さらに、『キリスト教の精神』の腹案と初稿のあいだにある分裂を容認する仕方の相違を指摘している点は、腹案の編集によってのみ可能になることであり、従来のヘーゲル研究の穴を埋める画期的な成果だということができる。

ただし、本書をヘーゲルの研究史のなかで見てみると、つぎのような問題がすぐに生まれてくるだろう。まず、本書は、ヘーゲルのフランクフルト時代の展開を「生」の人間学的静態から実体的動態への転換としてとらえる。この理解は、たとえばクラウス・デュージングが提起したような理解、つまり、ヘーゲルのイェーナ時代前期から後期への展開を実体の形而上学から主体の形而上学への転換とみなすこれまでの理解に対して、ヘーゲルの思想的展開をすでにフランクフルト時代に認めることになる。さらに、本書は、フランクフルト時代の形而上学を「神学」とみなし、イェーナ時代の形而上学を「哲学」とみなす。このとき、イェーナ時代のなかに決定的な転換点を認めるデュージングの説との対決を迫られる。著者はまた、すでにイェーナ時代初期にヘーゲルがシェリングの同一哲学のなかにフィヒテの知識学を受け入れ、それによって反省を乗り越えて、アンチノミーを通じて絶対者の積極的認識に進むことができたともいう。これは、イェーナ時代の前期と後期をシェリングの同一哲学からフィヒテの知識学への接近によるものと理解して、そこからヘーゲルの「意識経験の学」が成立してくるというハインツ・キンマーレの主張にも衝突する。つまり、こうした研究史上の問題はすべて、ヘーゲルがすでにイェーナ時代のはじめに、カントとフィヒテの超越論哲学によってシェリングのいう理性による絶対的なものの認識を補うことができたのかどうか、言い換えると、直観と反省の総合をヘーゲルが十分に説明しきれていたのか、という問題にかかわってくる。

この問題は、フランクフルト時代はじめのヘーゲルの著作にも関係してくるだろう。たとえば、著者はヘーゲルの「形而上学」構想をすでに『ドイツ観念論の最初の体系プログラム』（一七九七年）の前半に見て、それをあらゆる理念の完全な体系として理解している。しかし、ここでの形而上学は、倫理学もしくは道徳に帰着するようなカントのいう実践理性の要請論の立場にとどまっている。つまりここでは、形而上学から倫理学への収斂を通じて、あらゆる実践的要請の完全な体系の構築がめざされている。その点で、形而上学ではなくカントの倫理学が体系の基礎に据えられている。また、『ドイツ観念論の最初の体系プログラム』後半に登場する「美の理念」は、あらゆる理念を合一する根源的なものではあるが、この理念もカントの理性にもとづいているかぎり、『キリスト教の精神』と同じように、美と理性の統合をめざしていることになる。そうであれば、美と理性を統合しようとする試みは、ヘルダーリンが『ヒュペーリオン』のなかで試みた美の合一哲学とは区別されることになる。

たしかに、ヘーゲルとヘルダーリンの関係にかぎらず、テキストの思想内容を時代状況という外的な事情から説明していく研究方法は、ディーター・ヘンリヒの「構図」（コンステレーション）研究以来、定着してきたように見える。こうした研究方法からすれば、合一哲学の成立過程をフィヒテ、ヘルダーリン、ヘーゲルの相互連関のなかでとらえることはもとより、シンクレア、ツヴィリングとの関係も問われるべきであった。たとえば、ヘルダーリンの『判断と存在』（一七九五年）、シンクレアの『哲学の論理』（一七九五／九六年）、ツヴィリングの『すべてについて』（一七九六年）、そしてヘーゲルの『信仰と存在』（一七九八年）のなかに、合一哲学の連続的な発展を読みとることもできたであろう。

以上、本書を通じての著者のヘーゲル解釈にはかならずしも同意できない点があるので、そのなかでおもなものをいくつか指摘しておきたい。

第一に、本書の全体を通じて「自然」という概念がキーワードになっているが、あるときには「人間的自然」「人間の本性」であり、あるときには「神の自然」であり、またあるときには非有機的な「環境」という意味で使われている。第一のものは主観の契機、あるいは内面の契機であり、第二のものは包括的な、あるいは汎神論的な実体として特徴づけられ、さらに第三のものは第一の自然に対立するものとして理解できる。では、三者をどのようにして結びつけることができるのだろうか。本書ではこの点が明らかにされていない。また、三つの自然を、第二の自然つまり神的な自然の自己展開の運動としてとらえ直すことができるのだろうか。この点もさらに問題になる。このことは、『キリスト教の精神』の改稿において、一方で人間が自然に包摂されながらも、他方で人間の主体も強調されるとき、人間の自然と人間を包摂する自然は区別されながらも、そこには両者の対応関係が生じてきているからである。では、二つの面はどのようにして結びつけられるのだろうか。この点も問題となってくる。

第二に、本書によれば、ヘーゲルの合一哲学への転換は宗教史を扱う場面でなされたという。したがって、ヘーゲルの直接的な関心はおもに宗教史に向けられており、国家への関心は宗教への関心に比べてまだ二次的であったという。しかし、すでにフランクフルト時代の政治論文は、特殊を普遍のなかへ包摂するシステムを主題にしている。このことは、合一哲学のなかに反省が容認される過程だといってもよい。こうした文脈のなかで、ヘーゲルの「国民精神」という概念は、宗教と国家という二つの契機を通じて歴史的に構成されていく。この連関は、『カント注釈』と『ドイツ国制論』のなかにのみ見られるのではない。『キリスト教の精神』においても、国民精神は宗教・国家・歴史という連関のなかで展開されていく。しかし、ヘーゲルは宗教と国家の関連を一貫して考えてはいなかった。たとえば、『国民宗教とキリスト教』では、一方で両者の結びつきを容認し、他方で近代国家による政教分離の原則を認めている。『キリスト教の実定性』では、政教分離の原則にもとづいて教会と国家の癒着を批判しているが、『カント注釈』では、カント的な分離を批判し、両者の統一をめざしている。逆に『ドイツ国制論』では、政教分離を容認するばかりか、宗教それ自身の分離さえも国家の統一にはかかわらないものとみなしている。宗教が国家の統一を妨げるほど強力ではないという理由によって、宗教と国家の分離、さらには宗教自身の分離も許容されるにいたる。本書では、こうした変遷過程が初期ヘーゲルの政治論文を通じて十分に考察されていないように見える。

第三に、『キリスト教の精神』の腹案のなかで積極的に反省が取り入れられているとすると、すでにそのときヘーゲルは反省を二義的に解釈していたのだろうか。つまり、肯定的な意味での反省と否定的な意味での反省を意識的に使いわけていたのだろうか。宗教は愛と反省の総合であるから、そのさい反省の契機がよい意味にも悪い意味にもなる。では、二つの意味をもつ反省が区別されつつ同時に使われていたのだろうか。ヘーゲルはイェーナ時代のはじめに、反省概念を「理性としての反省」と「悟性としての反省」、「絶対的な反省」と「悪い反省」という形で対比させている。だが、フランクフルト時代には、そのような明確な対比はない。反省が合一を表す生と関連づけて扱われており、反省に対する扱いが否定から肯定へと変わっていくように見える。つまり、合一のなかから反省を排除するのではなく反省を合一のなかに位置づけ、さらには反省を通して合一を積極的に表現していこうとする展開を追うことはできる。しかし、「反省の外にある存在」とは、著者が解釈しているように、合一のなかに相対的な分離も含むような主体と客体の合一ではなく、反省を排除した文字どおり反省の「外」にある存在であるという解釈をとりたい。これは、宗教が有限なものの無限進行を断ち切るために、最終的には内部に対立を残さないように反省をすべて外部へと排除してしまうからである。したがって、「有限な生から無限な生への高揚」は達成されないままに、対立の解消は内部ではなされないままに放置されてしまう。これは「結合と非結合との結合」があくまでも反省の概念を通じてではなく、信仰の立場にもとづいて「一挙に」達成されようとするからである。

第四に、こうした解釈の相違は分裂の自己否定についての著者の議論にもあてはまる。『キリスト教の精神』の改稿において、どのようにして分裂の徹底が分裂の自己否定にまでいたるのだろうか。つまり、生の展開を未展開の統一・分裂・完成された統一という三段階からとらえたとき、第二段階は分裂と分裂の自己否定という二つの側面を備えているのだろうか。ヘーゲルは、第二段階としての分裂に否定の意味だけではなく、「否定の否定」という積極的な意味を与えていたのだろうか。後者の自己否定はようやく第三の段階にいたってはじめて容認されるからである。対立の徹底が生の再合一を可能にする条件であるとすると、第三段階が対立を否定するとともに保持する立場だといえる。したがって、「弁証法」の萌芽をフランクフルト時代に見いだすことができるという場合にも、生の発展段階の第二段階と第三段階の位置づけの区別は重要になってくる。

第五に、生の概念とは、著者によると、植物や動物の生命というよりも、むしろ、人間と自然の生き生きとした連関であるという。ヘーゲルはシェリングの影響から自然哲学的考察をするようになり、人間と自然の結合と分離の論理を有機体およびその環境の関係に転用していく。それでは、「結合と非結合との結合」という生の表現のなかに、自然哲学的な考察を認めることができるのだろうか。それはあくまでも神学的・形而上学的考察なのだろうか。生を、神的自然、人間的自然、有機的・非有機的自然と理解することは、自然哲学的考察とは異なっているから、シェリング自然哲学の影響を排除することになる。それとは逆に、ヘーゲルはシェリング自然哲学との積極的な対決を通して生の概念構造を自然哲学の文脈において分析していると理解したい。そうでなければ、イェーナ時代はじめにヘーゲルが、たとえば『惑星軌道論』において、かなり短いあいだに自然哲学の著作を執筆する可能性を持っていなかったからである。本書は自然哲学のテキストをほとんど考慮していないし、フランクフルト時代の自然哲学の草稿にはまったく触れていない。この点は、『キリスト教の精神』の第三稿の考察についてもいえる。第三稿は改稿とインクの色が違っており、ヘーゲルは改稿を書き終えて書き加えたと推測されるから、本書のような緻密な研究であれば、第三稿と改稿の異同も考慮すべきであった。

おわりに

これまでのヘーゲル研究では、テキストの不備によって、とくに『ユダヤ精神』と『キリスト教の精神』の編集が不完全であったために、合一哲学の成立と展開は解明されてこなかった。これらの欠陥を補うために、著者は巻末資料で未刊草稿（『ユダヤ精神』第六予稿、『キリスト教の精神』の腹案、『キリスト教の精神』初稿「宗教」群）の転写を試みている。この試みは、ドイツにおける『ヘーゲル全集』の編集作業に寄与するばかりか、日本におけるヘーゲル研究に新たな指針を与えるものである。

本書は、最新の文献学的研究の成果を踏まえた精緻な研究であり、ドイツの研究水準に十分に匹敵するものである。本書の出版を契機として、こうした研究が日本のヘーゲル研究に定着し、日本における哲学研究の国際化に貢献するものであることを評者は期待している。さらに、著者自身がめざしているように、著者の研究がたんなる歴史研究の枠を超えて、ヘーゲル哲学から今日どのような意味をくみ取りうるのかという現代の思索へと展開することを願っている。

著者：久保陽一（くぼ よういち）は、一九四三年生、東京大学大学院修了、駒澤大学名誉教授。著書に『ドイツ観念論とは何か』（ちくま学芸文庫、二〇一二年）、『生と認識』（知泉書館、二〇一〇年）、『ヘーゲル論理学の基底』（創文社、一九九七年）など。

第2章　精神の外化と内化
――小島優子『ヘーゲル　精神の深さ――『精神現象学』における「外化」と「内化」』（知泉書館、二〇一一年）

1　宗教とことば

ヘーゲルの主著『精神現象学』（一八〇七年）において、意識から精神までのことばは、個別的な意識である個人によって発せられるものである。個人が発したことばは、他者によって聞き取られ、共同体のうちへと取り込まれていく。ところが、本書のなかでは、ことばは神によって発せられるものとなる。宗教においては、人間の語ることばは共同体の側からとらえ直されて、そこでは、内面の心情を表出する人間のことばも、共同体の精神ともいうべき神のことばを借り受けたものとなる。宗教においてことばは、人間が発するものというよりも、むしろ神が発するものとしてとらえられるのである。

では、なぜ宗教においてことばは人間の発するものではなく、神の発するものとなるのだろうか。

著者によれば、それは、共同体の実体である神からの働きかけがなければ、人間一人ひとりは別々の意見を表出しているだけであって、意見の交換がなされたとしても、合意が成立するとはかぎらないからである。人々はことばによって自らの意見を表出するが、意見の交換を通して合意にいたるためには、その「根拠」として、神という宗教的な基盤を必要としている。神が発することばは、人間が発することばの根底にあり、ことばによる人間精神の発露を根拠づけているのだという。

人間の側がことばを発するだけであれば、個々人の多様な発言があるだけで、普遍的な合意が成立することはない。ところがことばは、共同体の歴史のなかで形成されてきた精神を持つことによって、普遍性を獲得することができる。この意味において、宗教におけることばの意義は、それ以前のことばの意義とは異なっており、これまでのことばの成立過程を根拠づける重要な役割を担っている。

ヘーゲルの『精神現象学』においては、意識から精神にいたるまでは、主体としての人間にとって世界との関係がどのようなものであるのかが論じられてきた。しかし宗教においては、実体の側、つまり神の側から世界が創造され、そのなかで人間がどのようにあるのかが論じられる。具体的にいえば、宗教におけることばは、神が現実の世の中を言い表したことばとして聞き取られ、そして取り戻される。この過程は、人間の側からすれば、たとえば「洗礼」や「聖餐」を通して、神のことばを自らのものとして経験する過程である。人間の行動が神のことばを追体験することによって、行動とことばとの一致が成立するのである。

それに対して、神の側からすれば、神が人間になるという「啓示」は、神が自分自身から離れ、人間へと外化することであり、自らのあり方を脱して、より大きな普遍の場を開いていくことである。聖書のことばでいえば、神が自らのあり方を離れることによってイエスが生まれ、イエスのうちに神自身が受肉する。イエスという一人の人間のうちに神が姿を現すことは、神が自己を放棄して人間の側へ降りてくることを意味している。したがって、ヘーゲルのキリスト論は、イエスのうちに神と人間の双方を見いだす点において、キリスト教の伝統のうちにある、というのが著者の理解である。

啓示が明かすのは、人間の罪を救うためにイエスがこの世に遣わされ、そして十字架に掛けられて苦しんだことである。これによって人間の罪は許されることになるのだが、このことを人間が理解して、人間が神とともにあることを知り、彼岸にいた神を此岸の人間のもとにもたらすことが、啓示の役割である。

神によって語られたことばは、著者の理解によれば、神の現れであり、神自身でさえある。そして、神が語ることばを聞き取ることは、外化されたことばが有限性を離れてふたたび普遍的な神のうちへと帰っていくことである。人間はイエスを通して人間が神のもとにあることを知り、ことばは人間と神とを媒介する精神の役割を果たす。教団のなかでイエスの生涯を思い起こすことは、イエスの出来事を教団のなかに共通の思い出として留めることであり、想起によって、一度は死んでしまったイエスが精神として再生することである。

神から発せられたことばは、イエスのうちで人間という有限者になり、それと同時に、死とよみがえりを経て、教団の精神のうちに内面化され、記憶されたことばとなる。つまりこれは、イエスの死によって有限なものとしての身体が失われた代わりに、普遍的なものとしての精神を得ることである。想起によってイエスの生涯は共同体のなかで人々のあいだに記憶され、ここに記憶を共有する一つの教団が設立される。教団は、父である神、子であるイエスとともに、聖霊としてキリスト教の三位一体説を形成するのである。

さらに、教団が共有する記憶を礼拝によって人々が意識的に思い出すことによって、イエスの生涯はイエス個人の歴史的事実から教団の成員である各人にかかわる出来事へと変容していく。人々のあいだで共有された記憶は、個人的な記憶とは違って、集団的な記憶を共通の歴史的出来事として共有するような共同体を形成する。人々が教団という一つの共同体を築き上げ、共有された記憶を思い起こすことによって、記号としてのことばの意義は、啓示における精神的なものとしてのことばの意義へと変容していく。

著者によれば、中世のキリスト教では、聖職者が人と神を媒介することになっていたが、そこでは神のことばを信者が自ら理解することも、神のことばに従って行動することもなかった。しかし、ルター派のプロテスタント信者であったヘーゲルにとって、プロテスタントの教団のなかでは、聖書のことばはもはや聖職者を通して理解されるのではなく、人々の信仰的交わりのなかで解釈し共有されるものとなる。

2　精神の深さ

ヘーゲルは、中世のキリスト教における記号としてのことばを、近代のプロテスタンティズムにおける精神としてのことばへと変容する。記号としてのことばを神の啓示によって乗り越え、「精神の深み」に達することが、著者によれば、ヘーゲル哲学のもつ哲学的な意義である。ヘーゲル哲学のもつ「精神の深さ」には、『精神現象学』の宗教において、神の発することばとなって現れるイエスが、死と同時に教団のうちによみがえることで到達する。意識による外化が精神への内化となり、行動とことばを介して外化と内化が相互浸透するところに、著者は「精神の深さ」を見いだす。

個々の人間の精神が一致するためには、神の人間化、つまり実体の主体化がなければならない。というのも、人間がことばを用いて普遍的な記号の体系を作り上げたところで、ことばのとらえ方は、個々の人間のなかで、そして歴史の流れのなかで変わっていくからである。共通の基盤としての神が人間のうちに現れることによってはじめて、人間に共通することばを使用することができるのである。

絶対的なものである神は語られ、言い表されることによって対象化される。しかし、語られたものは人々によって聞き取られ、記憶に留められ、意識的に思い出される。各人がイエスの生涯を想起することによって、自らもまた神とのつながりのなかにあることを自覚するならば、個人は信仰を共有する共同体において、自己自身を見いだすことができる。想起とはしたがって、各人が記憶を通じて、他の人々との共同において自己自身を見いだすことである。

人間はことばを用いて自らを外化し、世界のあらゆるものを自分のものに変えようとする。ことばの使用を通して意識が現実の世界へと歩み出すのは、逆にいえば、自らの内面に全世界を描こうとする意識が、現実の世界へと引きずり出されるからである。個人が実体へと外化するのは、実体が個人へとそのように働きかけているのである。

ヘーゲルの『精神現象学』の意識から精神までは、意識から実体への外化がたどられた。だがそれは、実体から意識への働きかけとしての内化である。宗教では、神によってことばが下され、実体から意識への外化がなされた。同時にそれは、人々が神のことばを聞き取り、内化することであった。このように意識と実体の両方から外化と内化の運動が行われているというのが、本書の最終的な結論である。

本書の課題は、言語と行動という観点から、ヘーゲル『精神現象学』を外化と内化の過程として読み解き、人間同士の承認を人間と神との承認によって保証することであった。この課題を振り返ってみると、本書の結論部にいたって、一つの疑問が残った。つまり、神の言語を人間へと媒介する啓示宗教は、かつては教団を構築することができたとしても、市民社会を経た現代においても、言語による人間相互の承認を根拠づけることができるのだろうか、という疑問である。グローバル化した世界のなかで、宗教間対話を通じて多文化共生をめざすにしても、教団における神人の想起が人間相互の合意形成を支える可能性を持つのかどうか、いま一度冷静に考えてみる必要があるように思う。

著者：小島優子（こじま　ゆうこ）は、一九七三年生、上智大学大学院修了、高知大学准教授。単著に『最新哲学がよ〜くわかる本』（秀和システム、二〇〇六年）、共著に『ヘーゲル講義録入門』（法政大学出版局、二〇一六年）、『生命倫理の教科書』（ミネルヴァ書房、二〇一四年）など。

第3章　十字架の哲学

――青木茂『ヘーゲルのキリスト論――十字架の哲学』（南窓社、一九九五年）

はじめに

著者によれば、ヘーゲルは総合と完成の原理である弁証法の論理によって自らの哲学を体系へと組み立てていく。哲学体系を組み立てていく過程のなかで、今度は逆に、否定性の原理がヘーゲル自身を突き動かしていく。体系構築への衝動は、青年期の修業時代を経て『学問の体系』の第一部である『精神現象学』へと結実し、そして、『精神現象学』の結末は「絶対精神のゴルゴタ」となって、「十字架に懸かった絶対精神」によって象徴されることになる。そこから、体系を完結するというヘーゲルの抱いた幻想は、弁証法という否定の原理によって乗り越えられ、歴史的なヘーゲルを越えたところで、本書のようなひとつの解釈を生みだすことになる。ではそのとき、ヘーゲルの哲学は「十字架の哲学」としてよみがえってくるのだろうか。

著者の関心は、歴史的に存在した哲学を現代という文脈において読み解くことである。たとえばこれは、ヘーゲル哲学をヨーロッパ近代の総決算ととらえて、これをヘーゲル自身の原理によって批判していくことである。ヘーゲル哲学への批判は、近代ヨーロッパへの批判でもあり、同一性に対して文化や宗教の差異を主張することである。ヘーゲルの哲学が近代ヨーロッパにおける思想史的完成であるとすると、この完成は同時に没落のはじまりでもある。本書は、ヘーゲル哲学のこのテーゼをヘーゲル自身の哲学によって実証しようとする。

まずは、本書の概要を簡単に述べて、そのあとで、本書への批評を加えることにしたい。

1　ヘーゲルのキリスト論

本書の第一章「ヘーゲル哲学とキリスト教」は、プロテスタンティズムの精神をヘーゲル哲学を貫く原理とみなしたうえで、ヘーゲル哲学の基本的な動機は、プロテスタンティズムの信仰を近代の普遍的な精神として哲学的に弁証することにあるという。そうであれば、ヘーゲル哲学は、絶対精神が十字架につり下がった「十字架の哲学」であり、絶対精神のゴルゴタという生命の絶対的な否定を乗り越えてよみがえってくるものとなる。

第二章「ヘーゲルのキリスト論（Ⅰ）」は、初期ヘーゲルのフランクフルト時代とイェーナ時代の作品を扱っていく。著者によると、あらゆる哲学は「人間存在の歴史性・個別性」に還元されるという。ただし、ヘーゲルの哲学は、歴史的な相対性と個別性すらも普遍化することができる。そして、主観性を否定し克服するこの運動は、十字架上におけるイエス・キリストの死のイメージと重なってくる。著者はそこに「十字架の哲学」を構想していく。すなわち、抽象的な神的実在の死は、彼岸にある実体的な神の死であり、自然宗教の否定を意味する。これに対して人間イエスの死は、自己意識の担い手としての主体の死であり、芸術宗教の否定を意味する。こうした二重の否定を経て、啓示宗教としてのキリスト教が成り立つのだという。

第三章「ヘーゲルのキリスト論（Ⅱ）」は、死と復活をテーマとしてヘーゲルの作品を扱っていく。著者によれば、絶対実在を自己とする有神論は「自然宗教」であり、自己を絶対実在とする無神論は「芸術宗教」である。そして、自然宗教と芸術宗教の両者を否定的に統一するものが「啓示宗教」であるという。その場合、神が自らを殺して人になる受肉と十字架上の死とが、実体の死と主体の死という二重否定を伴って現れてくる。これが、本書で主題となる、神の死と復活の論理である。

第四章「ヘーゲルとニーチェ」は、神の死についての理解をめぐって、ヘーゲルがプロテスタントのルター派であることを際だたせていく。たとえば、神の死は、神の死滅に終わらない。というのも、復活によって「死の死」が成就されるからである。それでも、著者によれば、抽象的な実体の死は「神の即自的な死」であり、イエス・キリストの十字架上の死は「神の対自的な死」である。そして、絶対精神のゴルゴタは「神の即自的かつ対自的な死」となる。即自的な死、対自的な死、即自的かつ対自的な死という、神の死の弁証法的な構造によって、ヘーゲルはプロテスタンティズムという啓示宗教に達していく。それに比べてニーチェのキリスト教理解は、自然宗教と芸術宗教を統一した啓示宗教には達しないという。

第五章「三位一体論と弁証法」は、「神的三角形」を手がかりにして、弁証法論理の基本を三位一体論のなかにイメージする。ヘーゲルは哲学を体系とみなして、自己自身を分節化する全体として作り上げた。これは「三一論」ないしは「三位一体論」であり、弁証法の論理構造としてヘーゲル哲学全体に浸透している。さかのぼって考えると、カルケドン信条の「両性の交替と変転」が、ルターの「属性の交流」論になり、ルター派の信徒であるヘーゲルが、テュービンゲン神学校での信条史の講義を通じて、無限判断や「両力の遊戯」という体系構成のためのキーワードを作りだしたことになる。そこでは、神にして人という両性論が弁証法の論理構築に決定的な役割を演じたという。

第六章「カントとヘーゲル」は、神の存在論的証明をめぐって、両者を対決させ統合しようとする。弁証法の否定的契機は、ヘーゲル哲学そのものを反省することになるが、これを著者はヘーゲル哲学の「自己引照」と呼ぶ。ヘーゲル哲学にとっての「外」にある原理、ここではカントの批判原理は、ヘーゲル弁証法を超える絶対的な他者としてヘーゲル哲学を相対化していく。これは、哲学史的にいえば、カント的なアンチノミーが止揚されないでヘーゲル哲学のなかに残るということである。

第七章「アンチノミーについての一考察」は、そこで、「自己引照の禁止」を打ち破ろうとする。たとえば、科学の認識は、たとえそれが客観的で普遍的であろうとも、人間性の真実に触れることはできないから、ここに著者は、論理的な形式的合理性の限界を指摘する。このように現代の論理学や分析哲学が反省的な自己関係を退けているのは、論理的パラドックスをもつか、あるいは循環論になるからである。しかし、自己引照の禁止は、生きていることばが反省的な自己関係をとりうることによって、否定されなければならないという。

第八章「自負の狂気あるいは誇大妄想について」は、ヘーゲルの『精神現象学』の一節を検討したものである。個体は社会のなかで自己を実現するが、そのとき、個人にとって自己を実現すること、すなわち個体化と、自己を社会化すること、つまり自己を普遍化することが同時に行われている。自己が自己になる自己実現の運動、つまり個体化の過程は、同時に自己が社会によって受け入れられ承認される社会化の運動、つまり普遍化の過程でもある。このように個と普遍の統一を構成する論理が弁証法であるという。

2　ヘーゲルの弁証法

本書のかかえる第一の問題は、著者の弁証法についての理解にあるといえよう。ヘーゲルの弁証法論理を、本書は「三一論的構造」によってとらえようとする。本書にあるヘーゲル弁証法のことばで表現すれば、「即自存在」と「対自存在」を統一した「即自的かつ対自的な存在」がそうであるという。たしかにこのような理解は、本書の叙述のいたるところに見いだすことができる。しかしこれはまさに、本書が批判するように、「金太郎飴」を切ったときのように、どこを切っても「三位一体の構造」という「金太郎の顔」ではないだろうか。こうした理解は、あまりにも形式的な解釈ではあっても、思弁的なものではない。ヘーゲル哲学を理解するとき、このような前提があれば、本書が危惧するように、深遠なるヘーゲルの形而上学的思弁も「空虚なホラ吹き」になってしまうだろう。

第二の問題は、著者の「原体験」による根拠づけにあるといえよう。本書は、思弁の根底にあって思弁を動機づけている原体験を繰り返し強調する。「神の死」の経験がヘーゲル哲学にとっての原体験であるという。さらには、弁証法論理の根底には、ヘーゲル自身のキリスト教経験という原体験があるともいう。これも「金太郎の顔」のようにたびたび現れるが、本書のどこにも理由づけはされていない。ヘーゲル哲学の原体験というよりも、そもそも「原体験」とは哲学にとって何なのだろうか。

第三の問題は、著者のより所ともなっているプロテスタンティズムの精神にあるといえよう。ヘーゲルが「ルター派の信徒」であったことは自明ではない。ヘーゲルがそうであると自覚していることと、ヘーゲルがそうであるということとは、別のことだからである。イェーナ時代にヘーゲルは、プロテスタンティズムの主観性に対して、カトリシズムの客観性（ドグマやセレモニー）を高く評価していた。そして、シュライアマハーを批判して、イェーナの初期ロマン派を擁護している。こうした文脈でならば、本書のいう「良い意味」での実定性をキリスト教のなかに認めることもできるだろうが、このような実定性でさえも、ヘーゲルが批判するプロテスタンティズムとは相入れないものである。

おわりに

全体としてみれば、本書は、ヘーゲル哲学の「自己引照」を試みているともいえよう。自己引照とは、ヘーゲル哲学によるヘーゲル哲学そのものの批判である。しかし本書は、歴史的なヘーゲルを超えようとするあまり、そのための論証が不十分なままに終わっているように思われる。本書の致命的な欠陥は、著者がヘーゲル研究にまったく注意を払わないことによっているのではないだろうか。たとえば、取り上げられた研究文献はおどろくほど少ない。それもほとんどすべてが日本語のものか日本語訳のものにかぎられている。しかも古いものが多い。それでは、二〇〇〇年以上にわたるヘーゲル研究の蓄積も、日本と外国での最近のヘーゲル研究の関心と成果も、生かされてはこないだろう。そうであれば、著者のいうヘーゲルのキリスト教哲学も「十字架」にかかったままよみがえってはこないのではないだろうか。本書を読むと、ヘーゲル哲学を研究するとはいったいどのようなことなのかと反省するよい機会になる。

著者：青木茂（あおき　しげる）は、一九二五年生、東北大学大学院修了、元流通経済大学教授。著書に『看護の倫理』（医学書院、一九九二年）、『哲学』（学陽書房、一九九一年）、『個体論序説』（理想社、一九八九年）など。

第 II 部

国家と歴史

第4章　国家論の復活と再考
――フランツ・ローゼンツヴァイク『ヘーゲルと国家』（村岡晋一・橋本由美子訳、作品社、二〇一五年）

フランクフルト学派を代表する哲学者アクセル・ホネットが指摘するように、ヘーゲルの政治思想で考察に値するのは国家ではなくて市民社会であって、ヘーゲルの国家は有機的な全体主義であるため、民主主義を実現していく十九世紀以降は顧みられることがなかった。そうしたなかでヘーゲルの政治思想を、国家概念がしだいに形成されていく過程として再構築しているのがローゼンツヴァイクの『ヘーゲルと国家』（一九二〇年）である。

著者のフランツ・ローゼンツヴァイクは、マルティン・ブーバー、ゲルショム・ショーレム、エマニュエル・レヴィナスなどと並ぶ二十世紀ユダヤ思想のもっとも偉大な思想家の一人であり、本書は、ローゼンツヴァイクがユダヤ教へ方向転換するまえに書いたヘーゲルの研究書である。ヘーゲル研究の歴史でいえば、カール・ローゼンクランツ『ヘーゲル伝』（一八四四年）、ルドルフ・ハイム『ヘーゲルとその時代』（一八五七年）、ヴィルヘルム・ディルタイ『ヘーゲルの青年時代』（一九〇六年）につぐ、ヘーゲルの伝記的作品の古典である。ディルタイがヘーゲルの神学的な著作に対象を限定していたのに対して、ローゼンツヴァイクは政治的な著作に対象を広げてヘーゲルの思想発展を包括的に考察している。

本書の第一部「人生の諸段階（一七七〇～一八〇六）」は『ドイツ体制論』を中心にヘーゲルの思索のなかで国家思想が形成されていく過程を追跡し、つづく第二部「世界的転換期（一八〇六～一八三一）」は『法哲学』を中心にヘーゲルの国家思想が当時の歴史のなかで変容していく過程を追跡する。一八〇六年に「人生の諸段階」が「世界的転換期」へと転換して精神の世界史的発展が開始するのは、ナポレオンのイェーナ進駐とともに歴史の精神が理性を地上において実現したからである。時代史と思想史のこうした組み合わせが本書の際だった特徴であり、ローゼンツヴァイクはヘーゲルの体系形成を、歴史的な経験と哲学的な思索との絶えざる交流のうちに描き出していく。

ローゼンツヴァイクは本書の目的を、「ヘーゲルの国家思想の生成過程をその思想家の生涯をつうじて追跡することで、その思想をいわば読者の目の前で解体し、それによって内的にも外的にももっと広々としたドイツの未来への展望を開く」と語っている。こうしたスクラップアンドビルドを企てるのは、本書の巻末で訳者も触れているように、ローゼンツヴァイクの師、フリードリヒ・マイネッケが『世界市民主義と国民国家』（一九〇七年）で、国民国家の理念形成に果たしたヘーゲル哲学の役割を評価し、その世界史的意義を強調したのに対して、ローゼンツヴァイクはヘーゲルの国家概念を、国民国家を正当化するための根拠とするのではなく、むしろドイツの未来をかつてのドイツ帝国やオーストリア帝国のような多民族国家に見ていたからである。

これによってローゼンツヴァイクはヘーゲルの国家概念を、復古的な全体主義から解き放つばかりか、進歩的な自由主義との対立からも解き放ち、ヘーゲルがプロイセンの国家組織に順応したのではなく、プロイセンをひとつの例として、近代において理性を実現するための最良の国家組織を構想していたとする。したがって国家概念という点で、ヘーゲルはプロイセン国家にではなく自らの構想に首尾一貫して忠実であり続けたことになる。

なお、ヘーゲル国家論の復活と再考を促す本書は、ヘーゲル研究史上の功績を記念するのみならず、ローゼンツヴァイク研究の基礎資料をなすものである。日本語版はA5判二段組で六〇〇ページに迫る大著であり、ホネットによる「あとがき」と訳者の「解題」も見逃せない。翻訳は原文に忠実で正確であり、ていねいに仕上げられている。巻末の人名索引がことのほか詳しく大いに役立つことも付言しておきたい。

著者:フランツ・ローゼンツヴァイクは、一八八六年生、ドイツのフライブルク大学大学院修了、自由ユダヤ学舎を設立、一九二九年没。著書に『健康な悟性と病的な悟性』(作品社、二〇一一年)、『救済の星』(みすず書房、二〇〇九年)など。

第5章 発展史から文化接触説へ
――権左武志『ヘーゲルにおける理性・国家・歴史』（岩波書店、二〇一〇年）

はじめに

理性・国家・歴史という三つのキーワードを頼りにヘーゲルの思想形成を追う本書は、これまでの発展史研究の成果を踏まえて、一七九〇年代から一八〇〇年代までの初期ヘーゲルの思想形成を、異文化の創造的継承である文化接触説の視点からとらえ直して再構成していく。

著者はまず、初期ヘーゲルの政治思想を、フランス革命に触発されて古代共和主義を再生する試みとして理解して、ヘルダーリン合一哲学の受容により、ヘーゲルのキリスト教理解に変化が起こるのみならず、古代ギリシア精神との出会いによって、「結合と非結合の結合」というヘーゲル独自の思想が形成されたものと見る。つづいて、初期ヘーゲルの絶対者概念を、「同一性と非同一性の同一性」という独特の形式で表現し、この表現形式を、プロテスタント原理とギリシア精神、ヘブライズムとヘレニズムという、異質な二つの文化的伝統を融合するものと理解する。

では、本書の叙述に沿いながら、初期ヘーゲルの思想形成において、古代のギリシア精神と近代のプロテスタンティズムとの文化接触がどのようなものであったのかを見ていこう。

1 ヨーロッパ精神史の二大潮流

著者の理解に従えば、古代ギリシア精神は、共和主義理念を体現する古代ポリスとなり、近代プロテスタンティズムは、そこに自己意識という新たな原理を持ち込むものとなる。このように異質な二つの原理による文化接触として、ヨーロッパ精神史が解き明かされる。しかしそうであっても、ヨーロッパ精神史という大きな歴史的文脈のなかで見れば、キリスト教の精神も、ユダヤ教の精神の延長線上で理解されるから、古代ポリスの共和制を支えていたヘレニズム的精神の再生として解釈される。こうして著者は、ヨーロッパ精神史のなかに、キリスト教の伝統を生かしながらも、そこにギリシア的伝統を呼び覚ますことになる。つまり、ヨーロッパ精神史のなかでは、ヘーゲルは古代ルネサンスの精神を受け継ぐものとして特徴づけられる。

ここで、ヘーゲルによって「合一と分離の合一」として定式化された絶対者の表現が、ヨーロッパ精神史において何を意味するのかを見ておきたい。ヘーゲルがヘルダーリンから受け継いだ合一哲学は、古代ギリシア精神を受け継ぐものであり、ヘレニズム的世界観はヘーゲルの抱いていた古代共和制を再建するものであった。ヘーゲルは合一哲学の立場から、絶対者を「合一と分離の合一」として特徴づけて、合一に対立する分離を批判し、分離に対立する合一を批判する。これによってヘーゲルは、古代ユダヤ教からカント哲学まで一貫するヘブライズムの精神、近代プロテスタンティズムの原理を批判していくのである。

ヘーゲルは、分離に対立する合一ではなく、「合一と分離の合一」を要求するのであり、このことは、古代のギリシア精神と近代のプロテスタンティズムの和解をめざしているといえる。ここに著者は、一神教と多神教、ヘブライズムとヘレニズムという、ヨーロッパ精神史における二大潮流の争いを見て取る。これを人類の歴史として見れば、文化が発展するにつれて分裂の力が増し、文化形成が進んで発展が多様になり、分裂の勢いが増していくことを意味する。ヘーゲルによれば、文化形成を推し進める分裂の力は「風土」に起因しており、ヨーロッパではことのほか強かったのだという。これを思想の歴史として見れば、西洋近代に特有の現象であり、思想の中心が、超越する神から意識する人間へと移動したことを意味している。このような理性の主体化ともいうべき合理化の過程と、そこから導き出される結末に、著者は光を当てていく。

たとえば、信仰と知性の対立は、一八〇二年の『信仰と知』でいえば、中東のパレスチナで誕生したユダヤ人のキリスト教が、異質なギリシア文化に出会ったときに生じた文化接触の産物であり、いかにして理性と信仰を両立させるのかという問いであった。この問いは、西洋思想史の文脈のなかでは、神に代わって世界の中心的地位をしめた人間が、神との絆を完全に断ち切って、自立した自由な主体になりうるのか、という問いでもあった。

2　二つの文化の衝突から結合へ

ヘーゲル自身は、思想史という観点から、西洋の近代思想をプロテスタント的な「主観性の哲学」と名づけている。ヘーゲルがこう語るとき、著者がここに見て取るのは、ヨーロッパ文化を特徴づけるヘブライズムの伝統に対して、逆に、ヘレニズムの精神こそがヨーロッパ文化の別の起源を示しうる、という解釈の可能性である。そこでは、ヘブライズムの超越神が、ヘレニズムの内在神によってとらえ直されるからである。

ヘーゲルは、ギリシアの多神教のあとに一神教の段階を置き、ユダヤ教に続いてキリスト教を把握していく。ここから、一神教と多神教という二つの文化が接触することによりキリスト教が誕生した、という解釈の可能性も生まれてくる。

異文化の接触からキリスト教が生まれたとする解釈は、一八〇七年の『精神現象学』のなかにある宗教でいえば、二つの異なる文脈で、精神の自己認識を示すものである。一つは、意識する主体が実体に対して自己を二重化していく運動であり、もう一つは、神の本質が現実の人間に対して自己を啓示していく運動である。主体に重きを置く前者は、自己意識をモデルとする超越論哲学の立場であり、実体に重きを置く後者は、三位一体説をモデルとする伝統神学の立場である。だが著者によれば、二つの方向は、相入れないアンチノミー（二律背反）をなすのではなく、両立可能である。精神の自己認識とは、神の理念の啓示であると同時に、人間自身の自己認識でもあるような、二重の意味を持つからである。

ヘーゲル哲学は、初期論文や『信仰と知』では、超越論哲学や同一哲学に対抗して、「同一性と非同一性の同一性」の哲学として定式化された。そして、この基本形式を踏まえつつ、他者のなかに自己を見る「精神」概念が、一方では、超越論的文脈で形成され、他方では、神学的文脈で受容された。そこに著者は、カントの超越論哲学やシェリングの同一哲学を乗り越えようとする、ヘーゲル哲学の優位を読み取るだけでなく、神学的伝統を生かして、過去の思想的伝統を現在の文脈に読み込もうとする。

西洋思想史という歴史的な文脈でこれを見れば、主観的観念論や同一哲学へのヘーゲルの批判は、啓蒙主義とロマン主義という二つの思想潮流を克服し総合するものであったといえよう。そしてこれはまた、文化接触説という解釈学的な文脈では、近代プロテスタンティズムと古代ギリシア精神の接触という、異質な二つの文化を融合するものとなる。

ヘーゲル哲学の特徴は、分裂と統一を対立させるのではなく、両者の一面性を廃棄することにあった。そのためにヘーゲルは、「絶対者」という概念を持ち出してきて、そのなかで両者を包摂し、アンチノミーを解決しようとした。こうした試みは、はじめは「同一性と非同一性の同一性」という弁証法的な表現形式を取り、つぎには「実体は主体である」という命題形式を取った。そしてこれが精神の概念となって完成するのである。

このように本書は、ヘーゲルの絶対者概念が、超越論的文脈ならびに神学的文脈のなかで、精神概念へと発展していく過程を解明している。『精神現象学』にある精神概念を、初期ヘーゲルの主観性概念の延長線上でとらえると、ヘーゲルの思想発展の全体は、古代ギリシアへの憧れを断念して、近代プロテスタンティズムに始まる啓蒙の理念を内面化していく過程となる。

著者が語るように、時代の変革期には、啓蒙主義とロマン主義のような、あるいは、ヘブライズムとヘレニズムのような、相対立する思想潮流が呼び起こされるのかもしれない。もしそうであれば、異なる二つの文化が衝突したり融合したりしながら、たがいに影響を及ぼし合うという文化接触説は、ヘーゲルの精神的軌跡にとどまらない、永遠の予言を与えてくれるのであろう。

おわりに

最後に、著者の問題関心に沿いながら、文化接触説からヘーゲル哲学を読み解く本書の意義をまとめておこう。

二十世紀の政治的文脈のなかでは、ナショナリズムやマルクス主義を生みだしたとされるヘーゲルの歴史哲学は、もっぱら克服すべき対象とみなされてきた。しかし、冷戦後の二十一世紀になると、文明の衝突が現実のものとなるにしたがって、ヘーゲルの歴史哲学は、文明間の対話と相互理解を可能にする処方箋として読み替えられるようになった。これを現代史のなかでとらえ返してみると、本書は、世界史が縦の線で発展していくとする発展段階説を唱えるのではなく、むしろ、人類史が横からの異文化の衝撃によるとする異文化接触説を唱えることにより、歴史を解釈するうえで別の可能性を示したものといえよう。ヨーロッパ文明の起源は、オリエント・ギリシア・ローマの古代世界にまでさかのぼることができるが、振り返って考えてみると、西洋のキリスト教文化が、異文化を摂取し加工して成立した文化接触の所産だということも見えてくる。本書はこのように、文化接触説を世界史の発展段階説に適用して、異文化が創造的に継承されていくプロセスを再構成したものである。

著者の唱える文化接触説によれば、ヘーゲルの歴史哲学とは、異なる文化の接触を物語る世界史であり、ヘーゲル哲学の歴史とは、ギリシア精神の再生をもくろむ革命と、一神教を守り抜こうとする強固な伝統との絶えざる葛藤の所産とみなされる。両者を組み合わせて考えるならば、伝統と革命とがせめぎ合うヘーゲル哲学の発展史こそ、異質な文化が接触して衝突した結果と見ることができる。

著者は総じて、ヘーゲル哲学の発展史を異文化の創造的継承のプロセスとしてとらえ、そこにアクチュアルな示唆を読み取ろうとする。初期ヘーゲルの思想形成に関していえば、異文化との衝突のなかに融和を、文化接触のなかに対話を読み取ろうとしているように見える。だが、そのさいに問われるのは、テキスト読解にかかわる解釈学上の問題であろう。

ヘーゲルが、時代に制約されながらも、超越者と向き合い、歴史を超えた価値を問う一方で、現代の読者は、マルチカルチュラルな視点から、ヘーゲルのテキストを読み込んでいく。そのとき、アクチュアリティーを求める読解の試みは、ヘーゲル哲学の完成した作品を読み取ることと、どのように関連するのだろうか。超越者や歴史の意味という、日本哲学が避けてきたヘーゲル哲学の核心部分を取り出そうとするのであれば、主観的な読み込みと客観的な読み取りとの関連にかかわる、解釈学上の問題についても、著者の踏み込んだ考えをうかがってみたかった。

著者：権左武志（ごんざ　たけし）は、一九五九年生、北海道大学大学院修了、北海道大学教授。単著に『ヘーゲルとその時代』（岩波新書、二〇一三年）、編著に『ドイツ連邦主義の崩壊と再建』（岩波書店、二〇一五年）など。

第6章 世界像の反歴史性

――神山伸弘編『ヘーゲルとオリエント――ヘーゲル世界史哲学にオリエント世界像を結ばせた文化接触資料とその世界像の反歴史性』（科研費報告書、二〇一二年）

はじめに

本書は、神山伸弘を研究代表者とする科学研究費補助金基盤研究の研究成果報告書である。B5判で七五四ページに及ぶ報告書の編者である神山は、まえがきのところで研究の目的をつぎのように語っている。

ヘーゲルが一八二二年から二三年にかけての冬学期にベルリン大学で行った『世界史哲学講義』の前半部「オリエント世界」を対象として、本書は、講義のためにヘーゲルが用いた資料を再現するとともに、その全貌を哲学史的に解明することを目的としている。またそれとともに、当時の文化接触のなかで、哲学的な議論の状況や相互の影響関係を通して、ヘーゲルが抱いた「オリエント観」を学問的にも評価することもめざしている。編者がこのような研究課題を設定したのはなぜだろうか。それは、ヘーゲルの『世界史哲学講義』においてオリエント世界の占める位置は驚くほど大きなものであったにもかかわらず、「ヘーゲルとオリエント」という問題は、これまでのヘーゲル研究ではまったくといってよいほど取り上げられてこなかったからである。

ヘーゲルの『世界史哲学講義』は、本論である「世界史の歩み」のうちのほぼ半分を「オリエント世界」に費やしている。正確にいえば、『世界史哲学講義』（全五一九ページ）のうち、序論「世界史の概念」（一一八ページ）に続く本論「世界史の歩み」（四〇一ページ）のなかで、「オリエント世界」（一九四ページ）、「ギリシア世界」（八〇ページ）、「ローマ世界」（四六ページ）、「ゲルマン世界」（八四ページ）が展開されている。こうしたページ配分からしても、自由の意識が発展していくギリシア以降の世界よりも、自由の意識が埋没していたオリエント世界にヘーゲルはより強い関心を抱いていたといえる。ところが、オリエント世界に属する日本では、ヘーゲルの『世界史哲学講義』は学問的にも未解明の領域に属しており、資料の解明に立脚して堅実に研究する方法がとられておらず、なかでも本書の研究対象となっているオリエント世界は、際だって未開拓のままに放置されてきたという歴史的な経緯がある。

また、ヘーゲルとオリエントという問題設定を今日的な問題として見ると、エドワード・W・サイードの『オリエンタリズム』（一九九三年）以来、西洋のオリエント世界像そのものが問題視されており、ヘーゲル自身のオリエント理解にいかなる位置づけを与えるべきかが重要な課題となっている。

さらに、哲学史的な問題としては、ヘーゲルの時代に流通していた文化接触上の資料を『世界史哲学講義』の個々の議論のレベルで明確化することばかりか、ヘーゲルの議論が当時の水準においてはもちろん、今日の議論水準においても通用するものなのかどうかを測定することも必要である。それに加えて、西洋や日本のオリエント観の特質をヘーゲルの議論との対比で解明することも、今後の研究課題として設定される。では、具体的な問題を以下に見ていこう。

1 ヘーゲルとオリエント

1 ヘーゲルのオリエント世界

共同研究の代表者である神山伸弘によれば、テキストとなる原典資料を文献学的に編集したうえで、ヘーゲルの『世界史哲学講義』におけるオリエント論を解明することが、歴史哲学を研究するさいの要点である。その点からいえば、ドイツのヘーゲル研究者ヴァルター・イェシュケの『ヘーゲルハンドブック』(二〇〇三年)は、ヘーゲルの歴史哲学を相変わらずキリスト教的な普遍史とみなしていて、個々の出来事を普遍的なものへと包括する西洋の伝統のなかにとどまっているという。

たしかに、キリスト教の世界にいるかぎりでは、聖書中心の歴史観が伝統的な意味を持つのかもしれないが、しかし、イェシュケはこうした自明性に安住しているために、ヘーゲルが歴史哲学をオリエント世界から始めた意味を見落とす結果になってしまった。しかしヘーゲルの歴史哲学は、キリスト教の伝統的な世界史理解、つまり普遍史からはほど遠いところにあり、これは、オリエント世界の位置づけを考えるさいに念頭に置くべきことである。少なくとも、ヘーゲルによるオリエント世界の位置づけは、まずは時間性をめぐる事実認識にもとづくものであって、キリスト教世界とは異質のものをたんに外部に掃き出すといった価値判断によるものではない。

オリエント世界の独自性は、たとえば、ヘーゲルの中国論とインド論に見ることができる。ヘーゲルによれば、中国の国家原理が家父長的な全体という統一であるのに対して、インドの国家原理は統一が分裂した第二の契機として、規定され固定された区別である。本来ならば統一した精神の支配下にあるべき区別とは、人間の自然な区別であり、つまりこれがインドのカースト制なのである。ヘーゲルは、中国の家父長制とインドのカースト制に代表されるオリエント世界の原理を、ギリシア以降のヨーロッパ史に先立つものとして考える。したがってヘーゲルの歴史観は、当時のキリスト教的な「普遍史」(Universalhistorie) の理解とは異なっていて、普遍史に先立ってそれを包摂する「世界史」(Weltgeschichte) の哲学にふさわしく、時間的に先行するものとしてオリエントを位置づける。そしてまた、近代的な歴史哲学を唱えたヘルダーとも違って、ヘーゲルはギリシア以降の世界にとっても不可欠な実体としてオリエントを理解していた。これが、オリエント世界に属するヘーゲル研究者の基本姿勢である。

2 ヘーゲルと中国

1 ヘーゲルのアジア理解

ヘーゲルは中国を特徴づける基本原理として「家父長制」を挙げている。中国では国家の原理は家族の原理と同一であり、太古から変わることなく維持されてきた。そもそも中国には歴史がなく、原理の交代も歴史の展開もないから、中国は歴史以前である。これがヘーゲルの中国理解である。

このような中国理解はどこから生まれてきたのだろうか。『世界史哲学講義』（一八二二／二三年）のなかの中国に関する言及を見るかぎり、ヘーゲルは参照した文献名を挙げてはいないし、先行する中国研究にもほとんど言及してもいない。ヘーゲルはライプニッツもヴォルフも、そしてイエズス会士の報告も知らなかったのだろうか。啓蒙主義もイエズス会も中国を高く評価していたのに、ヘーゲルは中国を一貫して低く評価しているとすると、これも奇妙なことだ。

しかし石川伊織によれば、中国に対するヘーゲルの低い評価は、実際には当時のヨーロッパに広く流布していた考え方であり、しかもこれはイエズス会士の報告にも見られたものだという。ここで石川は、ヘーゲルの『歴史哲学講義』のタイトルが「世界史」となっていることに注目する。すなわちヘーゲルは、聖書の記述に合致するようにキリスト教の「普遍史」を記述したのではなく、「世俗の歴史」を記述したのだという。だが、ヘーゲルの用語法からしても、当時の用語法からしても、世界史と普遍史を世俗の歴史とキリスト教の歴史というように二つに分けてよいものかどうか、慎重な判断が必要であろう。

ヘーゲルの歴史哲学に関していえば、アジア蔑視であるとか、西欧中心主義であるとか、古くから批判がなされてきた。しかし石川によれば、『世界史哲学講義』を読むかぎりでは、そう簡単にはいえない。むしろ、ヘーゲルがアジアを蔑視していると批判されたのは、歴史哲学のテキストが誤って編集されてきたからだという。

2　ヘーゲルの中国理解

中国学者である井川義次は、ヨーロッパにおける儒教思想の受容を探り、カトリック教会の男子修道会イエズス会の活動に注目しながら、朱子学をはじめとする中国思想がヨーロッパにどのような形で伝播していったのかを探索する。まずは、イエズス会士の共同著作『中国の哲学者孔子』を、ドイツ近世の哲学者ライプニッツやヴォルフのみならずヘーゲルも読んでいたという事実を挙げる。ヘーゲルは、『論語』に先行する『大学』や『中庸』の翻訳も見ていたにちがいないのだが、中国の哲学や宗教を不当に低く評価している。

中国学者には、ヘーゲルの中国理解はあまりにも強引だという印象を与えるし、中国思想にはヘーゲルの解釈では語り尽くせない豊かな側面や内容があり、しかもそれらはすでにヨーロッパ語に翻訳されて紹介されていたのに、なぜヘーゲルは論じなかったのかという疑問が残る。このような疑問点については、ヘーゲル研究者の側から、中国研究とのかかわりをもっと深めていく必要があるだろう。

たしかに井川が強調するように、ヘーゲルが中国をどのように評価していたのかは、もちろん残された文献から探るほかはない。これは書かれたものだけを頼りにする文献学的な実証主義の立場といってもよい。しかし、ヘーゲルの講義を聴いた学生の筆記ノートを集めただけの「集積テキスト」では、つなぎ方によっては意味が変わることもあり、まったく違った文脈のものがつなげられている可能性もある。テキストの評価は、草稿に連続した形で書かれているかどうかを見ないと確定できないはずだ。ここで扱われている『哲学史講義』のテキストも、いろいろな学期の講義録を寄せ集めた集積テキストだから、ヘーゲル研究としては不満もある。そのもとになった各学期の記録がすでに公刊されているのだから、それらを読むと、各学期にヘーゲルがどのように中国哲学を論じていたのかもわかるのではないだろうか。

3　ヘーゲルとインド

1　ヘーゲルとインド哲学

インド学者の赤松明彦は、ベルリン大学でヘーゲルが行った講義を年代順に整理して、ヘーゲルの『哲学史講義』に現れる変化を探っている。学期ごとに変化している『哲学史講義』の内容を追うことは、ヘーゲル研究に欠かすことのできない必要な手続きであるが、しかし赤松によれば、これまでの日本語訳は、講義内容の学期ごとの違いを顧慮しない「ごちゃまぜの翻訳」になっていたという。そこで赤松は、講義内容の学期ごとの違いに気を配りながら、一八二〇年代のヘーゲルとインド哲学の状況を見ていく。

まず、一八二二／二三年にヘーゲルの『世界史哲学講義』が行われ、一八二三年にはヘーゲルの『哲学史講義』が行われる。この年には、インド研究の基礎を築いたイギリスのオリエント学者ヘンリー・トーマス・コールブルクの講義が行われており、アウグスト・ヴィルヘルム・シュレーゲルによるヒンドゥー教の聖典『バガヴァッド・ギーター』の校訂版とラテン語訳が出版されている。つぎに、一八二四／二五年にヘーゲルの『世界史哲学講義』が行われ、一八二五年にフンボルトの一回目の『ギーター講義』が行われる。そして、一八二五／二六年にヘーゲルの『哲学史講義』が行われ、この講義には東洋哲学についての内容が加わっている。一八二六年にはフンボルトの二回目の『ギーター講義』が行われ、一八二六年と一八二八年にヘーゲルの『世界史哲学講義』が行われる。さらに、一八二七年には『ギーター』についてのヘーゲルの論評が出ており、また、ヘーゲルの教科書『エンチクロペディー』の項目には、『ギーター』に登場する古代インド神話の英雄神クリシュナに関する部分が付け加えられている。

以上のように赤松は、一八二〇年代の状況を整理して、ヘーゲルの『世界史哲学講義』の内容を学期ごとの違いに注目しながらわかりやすく解説している。

2 ヘーゲルのインド論

たしかに、ヘーゲルが『世界史哲学講義』のなかでインドをどのように論じていたのかを知るためには、ヘーゲルがインドに言及している箇所を講義録から洗い出す作業が必要だろう。しかし、講義録の多くはヘーゲル自身が書いたものではなく、講義を聴いていた学生が書いたノートにすぎない。しかも受講生のノートがすべて公刊されているわけではないから、ヘーゲルのインド論についての研究もきわめて限定的なものにならざるをえない。

テキストにかかわる原典資料の問題はたんにインド論に限ったことではないが、ヘーゲルのインド論に限っていえば、コールブルクからの影響や、アウグスト・ヴィルヘルム・シュレーゲルとフンボルトに関するヘーゲルの批評は、先行研究のなかですでに言及されてきた。たとえば、西洋の学問が拡張したとき、哲学や科学にかかわるインド学の基礎を築いたのはコールブルクであり、ヘーゲルがヨーロッパの卓越した思想家の一人だったのも確かだが、コールブルクの著作の熱心な読者の一人でもあったのも間違いない。ヘーゲルはコールブルクを通じてインドと出会い、そしてインドと西洋との対話を描き出したのである。それに加えて柴田隆行は、ヴィルヘルム・ハルプファスと赤松明彦の研究を新たな重要文献として挙げる。

ハルプファスは『インドとヨーロッパ』（一九八八年）のなかで、インド学がドイツ近代哲学の形成に決定的な影響を与えたことを明らかにした。それは、ヨーロッパの伝統文化を再編成する新しい学問の出現であり、非西洋世界をも射程に入れた広範囲な人文学の創成でもあった。ハルプファスによれば、西洋の思想や科学がグローバル化したときに、インド学の研究成果が西洋哲学のなかで利用されるにいたったのである。しかし他方で、赤松明彦は自著『バガヴァッド・ギーター』（二〇〇八年）のなかで、ヘーゲルの『哲学史講義』（一八二五／二六年）を、一八二三年五月のシュレーゲル訳『バガヴァッド・ギーター』、一八二三年六月のコールブルクによるロンドンでの講義「インド人の哲学について」、一八二五年六月のフンボルトによるベルリンでの『ギーター』講演、そして一八二七年一月のヘーゲルによる、フンボルトの『ギーター』講演に対する批評という、当時の論壇状況のなかに位置づけていった。

ヘーゲルは、世界史を自由な意識の展開過程とみなして図式的に描いていくが、ここに柴田が見て取るのは、ヘーゲルがたんに図式を現実に無理やり当てはめたのではなく、むしろ現実を具体的にとらえる努力を怠らず、自らの図式の正当性を再確認する実証的な精神を持ち合わせていたということである。

4　ヘーゲルと仏教

1　ヘーゲルの仏教理解

ヘーゲルの仏教理解に関していえば、ヘーゲルの『世界史哲学講義』(一八二二/二三年)には、仏教のもつ二つの側面が現れている。一つは、神はかつて人間であったという側面であり、これは歴史上のブッダを指している。もう一つは、神はいまも人間であるという側面であり、これはチベットの活仏を指している。歴史上のブッダもチベットの活仏も、どちらも人間には違いないのだが、原始仏教は死んだ人間の崇拝と結びつき、ラマ教は生きた人間の崇拝と結びつく。これがヘーゲルの仏教理解の基本である。

しかし、仏教学者の久間泰賢が何よりも注目するのは、『世界史哲学講義』のテキストのなかに現れた、仏教のラマ教的な「展開」(Entwickelung)という表現である。ここには、仏教よりもラマ教のほうがより発展しているというニュアンスが含まれているからである。ただし、展開という語がどの原典資料に由来しており、そしてヘーゲルのどのような意図を表現しているのかははっきりしない。

仏教とラマ教の両者は、ヘーゲルの『宗教哲学講義』のなかでも取り上げられていたが、『宗教哲学講義』のテキストもヘーゲルの講義を聴いた学生たちの筆記ノートを寄せ集めたものだから、このような集積テキストであるグロックナー版と、これをもとにした岩波書店版の木場深定訳には注意が必要である。原典資料の文献学的な発展史研究によって、今後、仏教とラマ教の関係が学期を追うごとに変化していくのを指摘できるかもしれない。

仏教に二つの側面があるというヘーゲルの基本理解は、一八二二／二三年の『世界史哲学講義』以外のテキストにも認められる。また、「展開」という語は、グロックナー版の『世界史哲学講義』にも用いられていた。これがヘーゲル自身に由来するものであれば、仏教よりもラマ教のほうが優れているという価値判断がヘーゲルにあったことになる。

ただし、いくつもの学期の講義録を寄せ集めた集積テキストでは、どこまでも不明な部分が残るから、講義内容を学期ごとに比較する方法は有効であるとしても、ここで『世界史哲学講義』と『宗教哲学講義』を比較しても、ヘーゲルの思想発展を描き出すには限界があるだろう。

2　ヘーゲルの虚無理解

ヘーゲルが近代西洋思想の頂点に位置するとすれば、ヘーゲルのオリエント理解にも一種のオリエンタリズムの嫌疑がかけられるかもしれない。だが、田中智彦はそのような予断を排して、まずはアメリカの文学研究者サイードの『オリエンタリズム』（一九七八年）を確認し、そのうえで、ヘーゲルをはじめそれに関与した哲学者や思想家たちの言説を取り上げ、イスラーム教ではなく仏教をめぐるオリエンタリズムを検証していく。そこでは、フランスの哲学者ロジェ＝ポル・ドロワ『虚無の信仰』（一九九七年）を手がかりに、ヘーゲルがオリエントを論じるさいの独特の姿勢と、オリエントを論じるときに注意すべきいくつかの点を指摘する。

まず、ヘーゲルは十九世紀のヨーロッパ人であって、オリエンタリズムに関して無垢ではなかったことが確認される。しかしそうであれば、なおさら他の哲学者や思想家とは違ったヘーゲルの仏教への接し方が意味を持ってくる。ヘーゲルのオリエント理解がもつ特徴は、一つにはドロワが分析したように、「虚無」理解にある。ヘーゲルは虚無を純粋な抽象として、限定を欠いた絶対者として理解していた。もう一つの特徴は、ヘーゲルの歴史理解にある。世界史を絶対精神の自己展開として理解するヘーゲルの歴史観は、これまでにも幾度となく繰り返し批判されてきた。

さらに、ヘーゲルの虚無理解は、ショーペンハウアーのペシミズムと無縁ではない。虚無の信仰としての仏教は、あるときにはペシミズムへの反証として、またあるときにはその傍証として利用されてきたからである。こうして、仏教における虚無の理解と仏教という他者との接触は、互いの応答による相互承認とも絡められて、ヘーゲルの歴史哲学のなかで結び合わされる。

3　ヘーゲルの否定概念

さらに、ヘーゲルと日本の哲学者である西田幾多郎のインド論を比較すると、両者の論理の特性を浮き彫りにすることができるかもしれない。板橋勇仁の理解では、ヘーゲルは『世界史哲学講義』において、「否定」概念を自己根拠化の媒介契機としてとらえているから、ニヒリズムという問題意識を持たなかったことになる。インド思想における自己否定も、自己を根拠とした否定にとどまるので、これも不徹底な仕方での自己根拠化であり、すなわち抽象にすぎなかった。

これに対して西田は、インド思想における否定を、自己を根拠とした自己否定ではなく、むしろ自己の自己根拠化を否定するものでありながら、しかしそのことによって自己の根拠を肯定するものとしてとらえている。ここに板橋は、抽象にとどまるヘーゲルの否定概念を超えて、西田のいう「絶対否定」の特性と優位を見て取る。これは京都学派によくあるヘーゲル理解である。

ヘーゲルと西田によるインド思想の評価を対照して明らかになるのは、自己が自己に根拠を見いだす運動のプロセスを、世界史の展開と見るヘーゲルの論理の特性と、ヘーゲルの論理に見られる否定の思想を批判的に摂取して、それとは異なる可能性を提起する西田の論理の特性とにほかならない。

板橋によれば、ヘーゲルが否定を媒介にした自己根拠化の過程に歴史の発展を見たのとは違って、西田は異なる人格的主体が互いに個性を際だたせ合う運動そのものに世界史の展開を見ていたのだという。

5 ヘーゲルとエジプト

1 ヘーゲルのエジプト史

ヘーゲルは『世界史哲学講義』(一八二二/二三年)のなかで、古代ギリシアの歴史家ヘロドトスの『歴史』に依拠してエジプト論を展開している。ヘーゲルのヘロドトスへの言及は三十一回を数え、参照箇所を含めると、『歴史』の使用は六十箇所にも及ぶ。そこで栗原裕次は、まずヘーゲルがどのようにヘロドトスを使っているのかを確認し、つぎにヘロドトスのエジプト論を『歴史』第二巻に焦点を絞って、その内容構成と特徴を明らかにする。そしてヘーゲルとヘロドトスのエジプト論を比較しながら、ヘーゲルがたんにヘロドトスから歴史の資料となる情報を入手しただけでなく、歴史の見方や歴史への接近方法なども学んでいたことを示す。

『世界史哲学講義』のなかでヘーゲルはエジプトの歴史を二つの時期に分けているが、栗原はすでにここにヘロドトスの影響を認める。ヘロドトスにとっての過去とヘロドトスにとっての現在というように、ヘーゲルはエジプト史を二つに分け、この区別を異文化との接触によって歴史がより明確になってくる点と結びつける。ただし、自由な精神の自己展開を説く哲学的な歴史観という点では、ヘーゲルはヘロドトスの『歴史』を積極的に採用することはなく、したがって、エジプト人の宗教や精神をめぐる議論では、ヘーゲルはヘロドトスを重視しているわけではない。しかし、歴史認識において先入観から自由になって出来事に接し、他者理解を通じて自己認識にいたるというヘロドトスの方法論的意識に、ヘーゲルの唱える自由な精神の自己展開を認めることはできるだろう。

自己展開する自由な精神がヘロドトスの歴史記述の中核にあるのならば、ヘーゲルのなかでも、文化相対主義と哲学的歴史観とが矛盾することなく共存していたのではないだろうか。このように栗原は、文化接触説と文化相対主義の二つを手がかりに、ヘーゲルの哲学的歴史観とヘロドトスの歴史的方法論の邂逅を探っていく。

2　ヘーゲルのエジプト論

どのような文化も自分とは異なる文化と出会うことによってはじめて自己の固有性を認める。文化の成立には異文化との接触が必要であり、そこには異質な他者を通じた自己認識の構造が見て取れる。権左武志の説く文化接触説からすれば、ヘーゲルのエジプト論は、ヨーロッパ人が古代ギリシア・ローマに先立つ高度なエジプト文化に出会った文化接触の所産となる。

古代ギリシアでは、ペルシア帝国との接触によりエジプト文化への関心がすでに芽生えており、ヘーゲルはエジプトを訪れたヘロドトスやディオドロスに触発され、ハイデルベルク大学の同僚であった古代学者フリードリヒ・クロイツァーに依拠してエジプト論を展開していく。異質な他者との出会いを通じた文化接触の構造は、ヘロドトスやクロイツァーばかりか、ヘーゲルのなかにも見て取れる。ヘーゲルはエジプトだけを孤立させて考察するのではなく、エジプトをギリシア・ローマと比較しながら二つの世界の影響関係を考察する。まさにこれは、クロイツァーが『古代民族、とりわけギリシア人の象徴と神話』(一八一〇～一二年)で採用した考察方法だった。権左は、ヘーゲルのクロイツァー受容を原典資料に立ち入って考察するところまでにはいかないが、ヘーゲルのエジプト論をオリエント論との関連のなかで概観したうえで、エジプトとギリシアの関係を歴史哲学全体のなかに位置づけて把握しようとする。

6 ユダヤ教とイスラーム教

1 ヘーゲルとユダヤ教

かつて山崎純は、自著『神と国家』(一九九五年)のなかで、ヘーゲルのユダヤ教評価が一八二四年に大きく変化したという説を唱えた。これに対して早瀬明は、一九九六年に出版されたヘーゲルの

『世界史哲学講義』（一八二二／二三年）を用いて、山崎が提唱した一八二四年転回説を否定し、一八二二／二三年時点ですでにユダヤ教に対するヘーゲルの評価が大きく変化していたと反論する。『世界史哲学講義』では、ユダヤ教は自然から精神への転回が生じる場所として位置づけられているから、このときすでにヘーゲルのユダヤ教理解は肯定的なものに転換していたといえる。すなわち、神と人間の統一というキリスト教の理念が成立する歴史的過程において、ユダヤ教は統一の前提となる神概念に達していて、キリスト教成立の準備をするという決定的な役割を果たしていたから、ユダヤ教に対するヘーゲルの評価は肯定的であったといえる。

そうであれば、ヘーゲルにおけるユダヤ教理解の転回は、山崎が推測したように、ドイツの神学者フリードリヒ・ヴィルヘルム・カール・ウムブライトの『ヨブ記研究』（一八二四年）によるものではない。『宗教哲学講義』（一八二一年）ではまだユダヤ教に対する反発が認められるが、早瀬が主張するように、『世界史哲学講義』（一八二二／二三年）においてすでにユダヤ教に対する評価は肯定的なものに転じているとすれば、ヘーゲルのユダヤ教理解の転換に決定的な影響を及ぼした要因は、山崎が推測した一八二四年ではなく、それよりも早く一八二一年から一八二二年までになければならない。

そこで早瀬は、ドイツの古典文献学者フリードリヒ・クロイツァーに注目して、クロイツァーの著作『古代民族、とりわけギリシア人の象徴と神話』の第四巻（第二版、一八二一年）が、ヘーゲルのユダヤ教についての評価に大きな転換をもたらしたのではないかと推定する。早瀬の推定は、十分な説得力をもって展開されているわけではないが、少なくとも山崎の研究を補うだけの可能性はあるように見える。

では、ヘーゲルはユダヤ教と対比してイスラーム教をどのように評価していたのだろうか。

2　ヘーゲルとイスラーム教

ヘーゲルはイスラーム教を、一方で、ユダヤ教との対比において、自由や普遍という積極的価値を持つものとして高く評価し、他方で、キリスト教との対比において、個別や具体を欠く抽象にとどまるものとして低く評価していた。ただし、イスラームのなかにも区別があって、ペルシア人は文化的だと賞賛され、アラビア人は文化的でありながらも野蛮であり、トルコ人は文化的ではなく野蛮だと非難される。

東長靖によれば、イスラームに関するヘーゲルのこうした形容は、宗教的文脈と民族的文脈とが混じり合い、しかもアラビア人とムスリムの記述が錯綜していることもあって、記述が矛盾しているのだという。では、なぜヘーゲルのイスラーム理解はこのように複雑なものになったのだろうか。東長はその理由を当時の学問的な背景から解き明かしていく。

まず、ヘーゲルはドイツの人類学者ヨハン・フリードリヒ・ブルーメンバッハの分類にならって、人類をアフリカ人種とモンゴル人種とコーカソイド人種に分けている。ムスリムの三民族であるアラブ・ペルシア・トルコは、すべてコーカソイドに入る。コーカソイドはヨーロッパと西アジアという二つの地域に分かれるが、キリスト教とイスラーム教は共通の起源をもつ人種的いとこだと、ヘーゲルは考えていた。

他方、十九世紀のはじめに、ドイツ語やラテン語はサンスクリット語やアヴェスタ語に由来することが、イギリスの言語学者ウィリアム・ジョーンズやドイツの文学者アウグスト・ヴィルヘルム・シュレーゲルによって唱えられ、多くの思想家がドイツの故郷をペルシアに求めるようになった。印欧祖語の発見によるペルシアへの親近感が、トルコやアラビアとは異なるものとしてペルシアを描かせたのかもしれない。もしそのとおりであれば、東長が推測するように、各民族についての描写がイスラームの記述のなかに相矛盾する形で入り込むことにもなったのであろう。

表記に関していえば、テキストのなかに「マホメット教」と「イスラーム教」という二つの呼称がある。カール・ヘーゲル版に依拠するズーアカンプ社版や、グロックナー版にもとづく岩波文庫版の武市健人訳では、「マホメット教」という表現が用いられているのに対して、『世界史哲学講義』（一八二二／二三年）では、「イスラーム教」という表現が多く用いられている。ひょっとするとテキストを編集したさいに編者が呼称を改めたのかもしれないと、東長は推測している。

7 ヘーゲルが参照した資料

ヘーゲルは、一八二〇年代にベルリン大学で『世界史哲学講義』を行うにあたって、広範で膨大な数の文献資料を参照していた。だが、資料は一定の基準で選び出されたわけでもなければ、また、資料にもとづいてわかりやすく講義が行われたわけでもない。これが、本書の編者と執筆者たちが資料を検討したうえで到達した結論である。

そうだとしても、ヘーゲルが参照した資料のなかには、当時の学問状況を伝える有益な情報もあるだろうし、ヘーゲルが参照箇所をはっきりと指示している場合には、相互の影響関係を解明するための格好の資料となるだろう。

本書で紹介されるのは、ヘーゲルが参照したにちがいない膨大な資料のなかから、とりわけ重要だと思われるほんのわずかな部分を厳選して訳出されたものである。収録されている資料はすべて部分訳であって全訳が望まれるところではあるが、一部であっても今後の研究のための不可欠で貴重な資料であることに間違いはない。資料はいずれも本邦初訳であり、第一次文献としての価値も持っているといえよう。本書には各資料についての簡単な説明も付いているので、以下には資料のタイトルだけを挙げておく。

1 『書経――中国の一つの聖典』アントワーヌ・ゴービル訳（一七七〇年）――ジョセフ・ド・ギーニュによる序文（酒井智宏訳）
2 ジェイムズ・ミル『英領インド史』（一八二〇年）――第二編第五章「税」（色摩泰匡訳）
3 J・A・デュボア『インドの人々の特徴、風俗、習慣、および、宗教制度、行政制度の記述』（一八一七年）――第三部第三章「ヒンドゥー教徒の寺院とそこで行われている儀式について」（赤石憲昭訳）
4 フリードリヒ・シュレーゲル『インドの言語と叡智について』（一八〇八年）――第二巻「哲学について」第二章「輪廻転生と流出の体系」、第三章「占星術と原始的な自然崇拝について」（小島優子訳）
5 J・F・クロイカー『ゼンド・アヴェスター――ゾロアスターの生命の言葉』（一七七六年）――古代ペルシアの教義の簡潔な叙述（抄）（早瀬明訳）
6 フリードリヒ・クロイツァー『古代民族の象徴と神話』第二版（一八一九年）――第二編第一章第四節「イシスとオリシス」（三重野清顕訳）
7 ペーター・フェデルセン・シュトール『自然国家の没落について』（一八一二年）――第一の手紙（小井沼宏嗣・滝口清榮訳）

8　ヘーゲル『世界史哲学講義』（一八二二／二三年）の抄訳

本書で指摘されるように、ヘーゲルの死後すぐに編集されたベルリン版『ヘーゲル全集』の第九巻『歴史哲学講義』（一八三七年）のテキストは、いくつもの学期の内容的にも異なった講義にもとづき、理解度も異なる複数の学生によるノートをつなぎ合わせて再現されたものだった。そのため、講義録を作った学生たちと、これを編集したヘーゲルの弟子たちとが、無自覚のうちに行った改竄の結果となってしまった。そしてそのことが、『世界史哲学講義』の詳細な分析によって明らかになった。そうであれば、テキストがベルリン版であったり、それにもとづくグロックナー版やラッソン版であったり、あるいはズーアカンプ社版であったりすることが、そもそもの誤りとなる。そして日本語の翻訳も、岩波書店版の長谷川宏訳のように、誤って編集されたテキストにもとづいているかぎり、誤った理解を生み出すことになる。これに対して、新たに編集された『世界史哲学講義』は、これまでのテキストとはまったく異なったものになっている。

本書に収録されているのは、ヘーゲルが一八二二／二三年の冬学期にベルリン大学で行った『世界史哲学講義』の抄訳である。全五一九ページに及ぶ『世界史哲学講義』のうち、序論にあたる「世界史の概念」（二一八ページ）と、本論にあたる「世界史の歩み」（四〇一ページ）の前半部「オリエント世界」（一九四ページ）が訳出されている。「オリエント世界」に続く、「ギリシア世界」（八〇ページ）、「ローマ世界」（四六ページ）、「ゲルマン世界」（八四ページ）は含まれていない。翻訳のもとになったテキストは、マイナー社から発行された試行版『ヘーゲル講義録選集』の第十二巻『世界史哲学講義』（一九九六年）である。

Georg Wilhelm Friedrich Hegel, Vorlesungen. Ausgewählte Nachschriften und Manuskripte, Bd. 12, Vorlesungen über die Philosophie der Weltgeschichte, Berlin 1822/1823, Nachschriften von Karl Gustav Julius von Griesheim, Heinrich Gustav Hotho und Friedrich Carl Hermann Victor von Kehler, herausgegeben von Karl Heinz Ilting, Karl Brehmer und Hoo Nam Seelmann, Hamburg, 1996, S. 3-314.

このテキストは、カール・グスタフ・ユリウス・グリースハイム、ハインリヒ・グスタフ・ホトー、フリードリヒ・カール・ヘルマン・ビクトル・ケーラーという、ヘーゲルの講義を受講していた学生の筆記ノートに依拠した集積テキストであり、ヘーゲルが書いたものではない。したがって、訳者が指摘するように、底本の注に異文が掲げられていても、その部分を置き換えるとヘーゲルが語った異文が得られるというわけではない。

注には、グリースハイム・ノート、ホトー・ノート、ケーラー・ノートを示している箇所もあって、テキストの異同がわかるようになっている。日本語訳にある注は、異文の紹介を除けば、訳者のものである。章節の階層を表す数字は、底本にはなく、訳者が便宜のために付けたものである。段落冒頭には、内容概括と原文対照の便宜を図るためのヘッダが付いていて、読者には大変ありがたい。

付録として、ヘーゲルとオリエントについての文献目録が、二つに分けて掲げられている。一つは、「ヘーゲルのオリエント論・参考文献目録」である。ヘーゲルのテキスト、オリエント一般、中国、インド、ペルシア、エジプト、その他（歴史哲学、哲学史、旅行記、等）、日本という分類になっている。もう一つは、「ヘーゲル蔵書販売目録から抜粋」である。死後に競売にかけられたヘーゲルの蔵書のうち、オリエントにかかわる図書の一覧表が掲げられている。

おわりに

本書で設定された課題は、ヘーゲルが参照した原典資料と日本を含むオリエントでの認識を比較して対照し、それらとヘーゲルの議論との関連を探りながら、その正確さと制約とを明確にすることであった。この点に関していえば、本書は、ヘーゲルのオリエント世界論がヨーロッパの十八・十九世紀当時の文化接触によるオリエント認識に深く規定されていることを原典資料から手堅く解明しているといえよう。

方法論的には、本書ではまず仮説として、ヘーゲルのオリエント世界論は時間的には古代に位置するが、空間的には近代ヨーロッパに映った「近代オリエント世界」像にほかならないという予想が立てられた。この仮説から出発して、本書の結論はつぎのような検証結果へといたった。すなわち、ヘーゲルのオリエント世界論には基本的に二つの部分があって、ペルシアからエジプトへ接続する本来の歴史については、古代そのものの資料に依拠して議論されるが、それに先立つ中国とインドについては、古代からの不変の論理と当時の現状論とが結合することによって成り立つから、それは古代オリエント世界論であるとともに近代オリエント世界論でもあった。このようにヘーゲルのオリエント論は二つの側面をもっている。

さらにもう一歩踏み込んでいえば、ヘーゲルのオリエント世界論のもつ二面性は、ヘーゲルの歴史哲学が持っている時間性を疑わせる結果を導き出すことにもなった。というのも、ヘーゲルの歴史哲学は、一般的には自由の意識の「時間的」進展とみなされているが、実際には、自由について異なったとらえ方をする意識の「空間的」並存といったほうが実像にかなっているからである。これが、本書の掲げる「世界像の反歴史性」という逆説的なテーゼの意味するものである。

編者：神山伸弘（かみやま　のぶひろ）は、一九五九年生、一橋大学大学院修了、跡見学園女子大学教授。著書に『ヘーゲル国家学』（法政大学出版局、二〇一六年）、編著に『差異のデモクラシー』（日本経済評論社、二〇一〇年）など。

第 III 部

芸術と神話

第7章 美しき、魅力ある誤り
——山口和子『後期シェリングと神話』(晃洋書房、二〇〇四年)

はじめに

近年の傾向では、『自由論』(一八〇九年)以降のシェリング哲学に、ポストモダンの傾向を見ようとする解釈と、神学的ではなく人間学的な側面を強調する解釈があるようだが、現代の哲学は、こうした解釈をさらに押し進めているようにも見える。たとえば、ハイデガー、アドルノ、ラカン、リオタール、レヴィナス、デリダというような現代の哲学者に先だつ思想家として、シェリングの名まえを挙げることができるし、シェリングが現代哲学に影響を与えたというのではなく、シェリングも同一性の形而上学のうちに差異を持ち込んだという意味で、シェリングに現代哲学の端緒を見ることもできよう。

著者が本書のなかでシェリング哲学の現代性を神話の原理に探っていくのも、理性の他者である差異の思想が神話に起源を持っているからである。著者の関心は、ポストモダンの哲学的解釈と同じように、非合理な神話の原理に向けられていて、神話の原理は、理性が追い払った情動を呼び覚まし、既成の秩序を揺るがして転倒させる可能性を持っている。では、シェリング哲学の現代性は、非合理な神話の原理に求められてもよいのだろうか。非合理な神話の原理に限りない魅力を感じる著者は、神話のもつ現代性を証していこうとする。

まず、前期シェリングの近代批判と神話の関係を概観して、つぎに、シェリングが『自由論』で導入した「根底」概念の意味を解明する。そして、根底概念がシェリングの体系にもたらしたディレンマを指摘する。さらに、後期シェリングの神の存在証明に見られる揺れを指摘したうえで、最後に、神話の現代的な意味を芸術に絡めて考察することにしよう。

1　シェリングの現代性

最初に、本書の問題提起を確認しておく。著者が設定した問題は本書のはじめに置かれている。シェリングの哲学は、ドイツ観念論の枠内にとどまるのか、あるいは、カント以前の形而上学への逆戻りなのか。それとも、ドイツ観念論の枠を超えて現代に語りうる何かを持っているのか。こうした問いに対して、著者は三つの点から答えていく。

第一の点は、一貫した批判精神である。若いシェリングはラディカルな思想家であった。聖書を神話とみなして、創世記第三章を原罪論ではなく、悪の哲学的起源論として読み解いていた。のみならず、歴史批判を通じて啓示の立場を否定し、神の概念をも哲学的に究明する啓蒙の立場に立っていた。「新しい神話」というキリスト教批判と終焉論も、歴史批判にもとづいている。そうだとすると、シェリングは批判精神を失ってしまったのだろうか。著者の考えはこうである。シェリングは、人間の原罪論を悪の起源論に読み替え、自我を真理の座から引きずり落とし、さらに真理の規範を芸術に求め、ついにはキリスト教の終焉を告げた。そして後期においても、こうした異教的な原理がキリスト教の神概念を揺るがしつづけていた、というものである。

第二の点は、神話のもつ二面性である。シェリングは、神話を「美しき、魅力ある誤り」と呼んでいる。著者によれば、このことばには二つの側面が隠されている。一面では、シェリングは神話を、いっさいの秩序を破壊するカオスの原理とみなすようになり、『自由論』では、根底という原理によって、近代の啓蒙主義のなかで確立した概念を再構成しようとする。しかし他面では、神話の原理は、理性的な概念を活性化することによって、逆に、シェリングを前近代に連れ戻し、ふたたび古代の理想にもどっていく危険を持つ。

第三の点は、芸術と神話の関係である。芸術の哲学は、近代の論理中心主義への批判として、シェリングをポストモダンの哲学へと接続する。しかし、芸術はその中心的な役割を宗教に譲り渡す。では、芸術は過渡的な位置しか占めないのだろうか。著者によれば、神話による詩と哲学の融合は、自然哲学にも受け継がれ、『超越論的観念論の体系』（一八〇〇年）を準備していく。美の原理は神話との関係に置かれて、一時的な原理ではなくなる。神話の意味づけは変化していくが、芸術と神話の関係は保持されつづける。真理の場としての芸術は、近代の論理中心主義への反抗であり、哲学と詩の接近は、課題として求められつづけているという。

このように本書は、芸術の持つ射程を神話との関係のなかでとらえていく。

2　神話の現代性

つぎに、著者の主張を見ていくことにしよう。著者の主張は、本書の結論「神話的原理の射程」にある。

神話は、哲学の対象とはなりえない物語とみなされていた。だが、シェリングは、真理に対立するたんなる虚構とみなされていた神話によって、現実から離反した哲学を活性化しようとした。これは、体系の他者を介して体系を再生しようとする試みである。

シェリングの非体系的なものへの志向は、初期の神話研究にも自然哲学にもさかのぼることができる。しかし、悪をめぐる根底概念の導入によって、シェリングは非体系的なものを体系の中心に据えて「非体系的な体系」を構築しようとした。この意味でシェリングは一貫した道を歩んでいた、というのが著者の主張である。

シェリングは、人間の根底にあるカオスを体系のうちに持ち込んだが、これは、存在と秩序を解体し、無に帰する力を持っている。この破壊の原理は、神概念をも無化し、存在の安定を突き崩し、固定化をうち破る動的な作用である。これはまた、人類の歴史から最終目標を奪うことにもなる。そうであれば、シェリングの動的な存在論は、近代の静止した存在論に対置された永遠の生成ともいえる。

たしかに、合理的なものがあるのも、それ自身としては偶然な出来事にすぎない。世界は理性の所産ではなく、多くの非合理を含んでいる。世界の理性的な秩序を疑うシェリングは、たえず揺れつづける。それは単純なものではなく、シェリングは神それ自身にも疑いを向ける。神は超越者ではないのではないか、と。シェリングは神話の原理を手にして、キリスト教の枠組みを超え出ていく。

それでもなお、神話の原理とは、時代錯誤ではないだろうか。

著者によれば、そうではない。シェリングはあえて神話で語ったのだという。神話を通して表現しようとしたのは、神にも反抗しうる人間の意志であった。シェリングは、意識の深いところに隠されたものを、やさしいことばで生き生きと語りかけたかったのだという。たしかに、人間の自由を論理的に説明してもつまらないだろうし、神話は、なるほど正確さを欠くが、ひとを納得させ、楽しませることもあるだろう。もし神話による哲学の大衆化が求められていたのであればの話だが。

では、シェリングの作戦は成功したのだろうか。非合理な原理は、神話の原理としてしか語りえなかったのだろうか。そして、神にも逆らいうるという人間の自由は、神話によって語りえたのだろうか。

著者がいうように、シェリングの意図は神の存在を証明することではなかった。うまくいったかどうかは別として、むしろ、体系のことばでは語りえないものを神話によって語ろうとしたのだろう。神話の語りは体系への批判を意味しているし、神話のことばもまた、体系のなかで体系の枠を超えでる試みではなかったのだろうか。しかし、それでもなお非体系的な体系は体系のうちにとどまっていたのかもしれない。「消極哲学」へのシェリングの批判は、もちろんシェリング自身の「積極哲学」にも向けられなければならない。

シェリングの神話論は神の不在を知りながら、それにもかかわらず神の存在を立て直そうとする企てであった。このレトリックは、なおもシェリングがそのうちにある体系の限界をも示している。著者によるハイデガー風の判定によれば、シェリングの体系は他者を包み込もうとした点で、体系の頂点であるとともに崩壊の先触れでもあった。まったく同じ意味で、シェリングの神話論をめぐる著者の「未完の物語」も、「美しき、魅力ある誤り」という、新たなレトリックをたえず告げるものであろう。

おわりに

神話の原理を近代の精神につなげようとして、シェリングはいっときも安定しない。だが、永遠の生成は著者が期待するように、苦悩に満ちたシェリングの体系を、ひょっとすると、ドイツ観念論やロマン主義を超えて、ニーチェ、ベンヤミン、ラカン、ドゥルーズというような現代の哲学へとつないでいくのかもしれない。そのとき、語るべきことを最小限のことばで語りうるならば、哲学は詩となって、ひとをつよく動かすことができるのかもしれない。しかし、シェリングはそのことばを手にすることができなかった。だとすれば、それは、シェリングに代わって「美しき、魅力ある誤り」を語る、著者の課題にほかならないであろう。はたして、神話はそのことばを持っているだろうか。

著者：山口和子（やまぐち　かずこ）は、一九四六年生、大阪大学大学院修了、岡山大学名誉教授。著書に『モデルネの翳り——シェリング『自由論』の現在』（晃洋書房、一九九九年）など。

第8章 ポリフォニーの芸術哲学

──松山壽一『造形芸術と自然』（法政大学出版局、二〇一五年）

古典主義からロマン主義への移行期に、近代ドイツの美学思想はどのように成立したのか。本書は、レッシング、ヘルダー、ゲーテ、シュレーゲル兄弟らを中心にして、古代の彫刻作品やイタリア・ルネサンス美術の批評をめぐって展開した論争を追い、ギリシアの理想がドイツ思想にもたらした文化的革新に迫る、シェリング芸術哲学の概念史的・ポリフォニー的研究である。

長年にわたってシェリングの自然哲学を研究してきた著者は、最近ではその専門領域を広げてシェリングの芸術哲学についての研究成果を発表している。『音楽と政治』（北樹出版、二〇一〇年）や『悲劇の哲学』（萌書房、二〇一四年）では、シェリングの『哲学書簡』（一七九五／九六年）から『超越論的観念論の体系』（一八〇〇年）を経て『芸術哲学講義』（一八〇二〜〇五年）にいたる思想発展をたどっており、シェリングのミュンヘン講演『造形芸術の自然との関係について』（一八〇七年）を扱った本書は、その続編といってもよい。

十八世紀から十九世紀にかけて、歴史的コンテキストにおいてシェリングのミュンヘン講演の意義を解明していく本書は、第一部では、初期ロマン派の動向にも目を配りながら、古典主義に道を開いたヴィンケルマン説およびラオコーン論争の変遷を追跡していき、第二部では、シラー、シュレーゲル、モーリッツ、ゲーテの主張を取り上げて、「芸術家は自然精神を範とすべし」というシェリングの主張を、シェリングひとりのものではなく一八〇〇年という時代の思潮に棹さすものであったと解釈する。

このような解釈が可能となるのも、著者が提唱する歴史的・概念史的研究の成果にほかならず、それはたんに主要な概念の影響関係や継承、あるいは変遷をたどったものではなく、むしろその時代の「思想空間」を再現することから生まれてきた結論である。著者はこれを、ロシアの文芸批評家バフチンの対話論に倣って「ポリフォニー」(多声)としてのテキスト読解と呼んでいる。すなわち、著者の唱える「概念史的・ポリフォニー的研究法」とは、「当時の一次文献を比較照合し、テキスト間の連関、つながりを推測しながら文言解釈を試みる」ことによって、「主題とする概念に関連するオリジナルな諸テキストを研究しつつ、それらを比較照合し、当の概念の成立、変遷、発展を跡づけるもの」といえよう。

ここで注目すべきは、著者の説く概念史的・ポリフォニー的研究法には、日本の哲学研究への強いプロテストが込められている、ということである。著者によれば、日本ではいまでもなお「哲学研究」とは異なる「哲学者研究」が行われていて、それは、研究の対象となる哲学者のモノローグに研究者たちが一斉に同じことばを唱えるだけの「モノフォニー」（一声）であって、これでは哲学者の人物と思想を一方的に「神棚に奉る仕儀」でしかなく、結局のところは、主題となる人物がつねに主役として扱われて、他の人物はすべて脇役に回されてしまうのだという。

日本の哲学研究ではすでに伝統となっている、こうしたテキスト内在的な研究も「モノローグな哲学者研究」にすぎないのであって、それに対抗して著者は、複数の思想家による複数のテキストにおける発言を、それらが属する思想空間に配置してみせる。著者の説く「ポリフォニックな思想研究」は、このように既存の研究方法への異議申し立てとも取れる。

専門の研究者向けに書かれた本書だが、一般の読者をも想定してさまざまな工夫がなされている。たとえば、第一部と第二部の冒頭にはドレスデンやミュンヘンの観光案内ともいえる読み物が添えられており、各所に多彩な人物模様が織り込まれている。八十枚を超える図版が掲載された本書は、眺めているだけでも楽しく、専門の哲学研究者にも一般の読者にも一見の価値があるものといえる。

著者：松山壽一（まつやま　じゅいち）は、一九四八年生、立命館大学大学院修了、大阪学院大学教授。著書に『音楽と政治』（北樹出版、二〇一六年）、『悲劇の哲学』（萌書房、二〇一四年）、『生きることと哲学すること』（北樹出版、二〇〇八年）など。

第9章　なぜ世界は存在しないのか？
――マルクス・ガブリエル／スラヴォイ・ジジェク『神話・狂気・哄笑――ドイツ観念論における主体性』（大河内泰樹・斎藤幸平監訳、飯泉佑介・池松辰男・岡崎龍・岡崎佑香訳、堀之内出版、二〇一五年）

二〇一三年にベストセラーとなったマルクス・ガブリエルの『なぜ世界は存在しないのか』（ダイジェスト版）を収録した本書は、いまもっとも注目を浴びる一九八〇年生まれの若き天才哲学者が、日本でもおなじみのスロベニアの哲学者スラヴォイ・ジジェクとともに、存在論をふたたび哲学の中心に据えて、読者を新たな世界理解へと導いていく。

本書は、ヨーロッパの新思潮である「思弁的実在論」を日本に紹介する最初の翻訳書であるが、そればかりか、ドイツ観念論の再解釈を通じて、二〇〇〇年にわたる西洋形而上学の歴史を更新する壮大な試みでもある。まずは緒論でドイツ観念論への回帰を説き、第一章ではヘーゲルとシェリングの反省概念を、第二章ではドイツ観念論における狂気と習慣を、第三章ではフィヒテの自我とヘーゲルの主体を扱うように、本論はきわめてオリジナルなテーマ設定でドイツ観念論を解体して、新たな実在論を構築していく。ジジェクによるラカン派精神分析をもとにしたヘーゲルの人間学とフィヒテの自我論の議論が、ガブリエルによるドイツ観念論の主体解釈と共鳴して、最後に、本書の付録「なぜ世界は存在しないのか」へと結実する。

ガブリエルの主張の核心は「世界は存在しない」という命題にある。人をびっくりさせるようなこの命題は、物理学の対象である「宇宙」と哲学の領域である「世界」とを峻別したうえで、宇宙について語ることで、世界を客観的にとらえたとする自然主義へのきびしい批判となる。自然科学は自らが扱う領域を固定して客体とするが、世界は固定された物でもなければ対象でもないからである。存在するものの全体である世界が、世界について語る主体に対象となって現れてくるとき、それ自身はすでに世界ではないものとなっている。したがって、世界が何であるかを問うとき、答えはたえず世界ではないところへとずらされていくから、「世界は存在する」ということはできない。これが「世界は存在しない」という意味である。

「なぜ存在するものが存在して、無が存在しないのか」。この問いは西洋の形而上学のなかでもっとも難しい問題であった。ライプニッツ、シェリング、ハイデガーによって継承されてきたこの問いは、存在するものの全体を語ろうとする試みをそのつど挫折させる。だがそのとき、「無」への問いは無意味なものになってしまうのだろうか。そして世界が存在しないという言明は、一種の存在論的ニヒリズムに陥ってしまうのだろうか。

いいや、そうではない。「世界は存在しない」とは、むしろ歓迎すべき事態なのだ。ガブリエルは、存在するものの全体を語ることができないという事実によってこそ、最終的には、何も存在しないこと（＝無）を覆すことができるのだという。では、対象とはなりえない無を名指そうとするとき、無は無ではない何かあるものになっているのだろうか。存在するものの全体である世界が限定されたものではなく、限定することの前提となるような空白であるとするならば、それは、哲学の伝統的なことばを使って表現すれば、実体を欠くような存在である。このようなとらえどころのない存在論が、ガブリエルの説く思弁的実在論にほかならない。

ドイツ観念論を受け継ぐ、あまりにも思弁的な存在論に、西洋形而上学の歴史を一変するような革新的な問いと、それへの回答を見いだすことができただろうか。そこには少なくとも、フランスの現代思想や英米系の分析哲学につながる西洋哲学の流れを見いだすことはできるだろう。とりわけ、シエリングからハイデガーへと受け継がれ、そこから展開された新しい実在論は、一方で、ラディカル・デモクラシーや科学主義批判といった現代の問題へとつながり、他方で、アメリカにおけるヘーゲル・ルネッサンスやフランスにおけるメイヤスーの思弁的実在論へとつながっていく。その意味で本書は、現代思想の新機軸を提示するものといえよう。ガブリエルの主著『なぜ世界は存在しないのか』（完全版）の翻訳出版も喜びたい。

著者：マルクス・ガブリエルは、一九八〇年生、ハイデルベルク大学大学院修了、ボン大学教授。著書に『新実存主義』（岩波新書、二〇二〇年）、『「私」は脳ではない――二一世紀のための精神の哲学』（講談社、二〇一九年）、『なぜ世界は存在しないのか』（講談社、二〇一八年）など。

著者：スラヴォイ・ジジェクは、一九四九年生、パリ第8大学大学院修了、リュブリャナ大学教授。著書に『もっとも崇高なヒステリー者』（みすず書房、二〇一六年）、『事件！』（河出書房新社、二〇一五年）、『イデオロギーの崇高な対象』（河出文庫、二〇一五年）など。

第Ⅳ部

東アジアとポストモダン

第10章 レーニンを脱構築する中国哲学
――張一兵『レーニンへ帰れ』(世界書院、二〇一六年)

本書は、南京大学教授・張一兵の「帰れシリーズ」第二弾の日本語訳である。シリーズは現在のところ四冊。一冊目は『マルクスへ帰れ――経済学的コンテキストにおける哲学的言説』(中国語版一九九九年、日本語版二〇一三年、英語版二〇一四年、韓国語版二〇一八年)、二冊目は本書『レーニンへ帰れ――『哲学ノート』のポストテキストロジー的解読』(中国語版二〇〇八年、英語版二〇一一年、日本語版二〇一六年)、三冊目は『ハイデガーへ帰れ――存在者と構造環境』(中国語版二〇一四年)、四冊目は『フーコーへ帰れ――暴力的秩序構築と生の内政のディスクールの情況構築』(中国語版二〇一六年、日本語版二〇一九年)である。

ここでいう「帰れ」とは、新カント派の「カントへ帰れ」の意味ではなく、フッサール現象学の「事象へ帰れ」の意味で、帰るところは「物そのもの」ではなく「事象そのもの」である。では、著者が実際に帰ったところはどこかというと、純粋に客観的なテキストという物ではなく、著者に固有な思想構造という環境である。「レーニンへ帰れ」とは、すなわち、レーニンのテキストに帰ることではなく、レーニンの哲学思想を再構築した場に帰ることである。このように著者は、純真なテキスト解釈というものを否定し、客観的に存在するテキストという虚構を解体する。そのうえで、著者は一人の哲学研究者として、レーニンとの共同思想の構築へと向かっていく。

再構築の対象となるのはレーニンの『哲学ノート』であるが、このテキストは、著者によれば、一冊の書物でもなければ、完成した著作でもなく、一八九五年から一九一六年までの二十年余にわたる、レーニンの哲学研究が作り上げた抜粋・ノート・コメントにほかならない。そのなかでも、レーニンが一九一四年から一九一五年にかけてスイスのベルンに亡命していた期間に書き留めた八冊のノートは、ヘーゲルの『大論理学』からの抜き書きであり、著者はこれを『ベルンノート』と呼んで特別視していく。

『哲学ノート』とはもともと、レーニンが読書のさいに記した注やコメントであり、独立した作品ではなく、ソ連の学者たちがのちに編集して作り上げたものにすぎない。そこで著者は、テキストのオリジナルなコンテキストに戻るのではなく、既存のテキストを解体して創造性のある生産に向かう。したがって、「レーニンへ帰れ」というタイトルは、現在から過去へ帰れとか、現実の生活から書物の世界へ帰れとかという意味ではない。むしろそれは、旧ソ連や東欧で古典とされてきたイデオロギーの脱構築を意図している。本書は、中国のマルクス主義が旧ソ連のドグマから決別して、マルクス主義哲学の古典テキストに真摯に向かい合う研究作業であり、まったく新しい読みを提示して自立する企てである。

このために著者は、ロシア国家資料館でレーニン『哲学ノート』のオリジナル手稿のコピーを手に入れて、既存のテキストを解体し新たなテキストを創造しようとする。そこで著者が見いだしたのは、レーニン哲学という完成した作品などではなく、そこには変化と発展のプロセスだけがあったという歴史的事実である。すなわち、レーニンの哲学とは、つぎに挙げる三つの段階に分けられる思想発展の過程なのであった。

第一段階（一八九四〜一九〇六年）は、現実の革命的実践のなかでマルクス主義を巧みに運用していた初期の段階である。レーニンには独自の哲学思想というものはなく、エンゲルスやプレハーノフなど、外部の権威に頼っていた時期である。第二段階（一九〇六〜一九一三年）は、レーニンが哲学的唯物論を研究し把握するにいたる、理論的に重要な時期である。唯物論の研究を通じてはじめて、レーニンは哲学的素養をもつマルクス主義思想家になったという。第三段階（一九一四〜一九一六年）は、ヘーゲルの弁証法を専門的に学んだ時期であり、『ベルンノート』に見られる飛躍的な発展期である。レーニンは哲学研究を通じて、他者の権威を打ち壊し、自主的な思想環境のなかで実践的な弁証法を把握し、真のマルクス主義哲学者になった。このように著者は、テキストを時系列に追って、レーニンの哲学思想の変転過程を読み解いていく。

そこで、本書は、序論・上篇・下篇の三つの部分から構成されることになる。まず序論では、『哲学ノート』の文献状況が紹介され、先行研究と問題点が指摘される。つぎに上篇では、レーニンの前期思想の発展過程が、そして下篇では、レーニンの後期思想の発展過程が考察される。

最初に確認しておきたいのは、『ベルンノート』は、レーニンがベルン図書館でヘーゲルの著作を読んで作成したときの読書ノートにすぎない、ということである。レーニンはマルクスの弁証法を理解するために、ヘーゲル哲学の論理を理解しようとしていた。とりわけそれは、ドイツ語の『ヘーゲル全集』第三巻から第六巻、つまり『大論理学』全三巻と『小論理学』全一巻によってである。レーニンはヘーゲル哲学を学んでマルクスの基本思想を理解しようとしたのだが、たとえレーニンがマルクス主義を発展させたとはいえないにしても、いくつかの点ではレーニンはマルクスの思想を超えていたといえるかもしれない。このようにして著者は、レーニンを過去の定説から解き放って、現代へとつないでいく。

「マルクスはこう言った」とか、「レーニンはこう考えた」とか、単純な引用に著者は反対する。どのような表現もすでに、私たちが新たに構築した自らの考えだからである。そこで著者は、字句のたんなる解釈から、隠された言説の論理をつかみ取ることへと向かい、現代の哲学的解釈学を使ってレーニンを読み解いていく。

解読はすでに思想の新たな提言であり、再構築されたものであって、オリジナルなコンテキストのたんなる復元ではない。解読は復元ではなく創造を志向する生産である。著者の説くテキスト学の基礎はつねに一つの関係のなかにあり、読者から離れたテキストというものは存在しない。テキストと読者の二項対立とは虚構であって、読解中に存在するのは読者の視野のなかのテキストが読者によって新たに活性化される過程である。このようにして著者は、ハイデガーから、バルト、アルチュセール、フーコー、デリダ、スピヴァク、ジジェク、柄谷行人までの、あらゆる現代思想の手法を駆使して、イデオロギー化された古典テキストを脱構築していく。

ポストモダンを総動員した著者のテキスト学によれば、思想家の理論生成の過程は、(1)他者の鏡像空間から、(2)自主的な思想構造環境を経て、(3)独創的な思考構造環境にいたる、変遷過程となる。まず、他者の鏡像空間とは、テキストに対する依存やその流用である。つぎに、自主的な思想構造環境とは、思想家が自分の理論的成熟に向かう過渡的な思想発展の一段階である。この時期には、他者の理論の枠組みの支配から離脱し自分自身の足場に立った独自の思考を展開する。そして、独創的な思考構造環境とは、思想家がオリジナルな理論的生産を通じて独自の理論と思考空間を構築していく過程である。これが、著者が提唱する、最新の思想史解読モデルである。

著者の解読モデルを当てはめると、レーニンはマルクス・エンゲルスの政治学、経済学、歴史学、社会学に関する文献を当たってみたが、現実に対応する答えを見つけ出すことはできなかった。しかし、ヘーゲル哲学を読み解く過程で自らの思想構造を形成し、マルクスのなかに存在を創造し改変する実践的な弁証法を見いだした。このようにして著者は、テキストに向き合ってテキストの行間を読み取り、イデオロギーの幻像を拭い去ったあとに、あらためて歴史的事実を再現していく。これが「レーニンへ帰れ」という著者の主張である。

レーニンは『ベルンノート』を書きはじめたころ、マルクス、エンゲルス、プレハーノフに頼ってヘーゲル哲学の論理に向き合っていた。理解が深まるにつれて、ヘーゲル哲学に対する態度も変わり、ヘーゲルに近づいていった。そして、『大論理学』の論理がもたらす新たな思考の場の成立によって、彼はマルクスにも近づくようになった。レーニンは、自らの弁証法研究の対象をヘーゲル哲学、とくに『大論理学』に定めていたのであり、レーニンの哲学思想も新しい理論も、ヘーゲルの『大論理学』を通じて完成したのである。しかしレーニンは、『大論理学』を読み終わったあとも、ヘーゲルのその他の著作を読み続け、さらにそこから、独自の新しい思想を築き上げていった。

これによって著者が強調したのは、レーニンの思想に変化があったということであり、『哲学ノート』は、イデオロギー化されるような完成作品ではなく、時代とともに移り行く思想の発展を記録した文献集だということである。レーニンの思想は前期と後期のあいだで、とくにヘーゲルの『大論理学』を読むまえと読んだあとに、大きな変化があった。そのために著者は、後期のノートを『ベルンノート』と名づけて、これを丹念に読み解いていったのである。

テキストの読解方法についていえば、著者の手法はポストモダンのテキスト解釈に学んでいて、たとえば、ジャック・ラカンの「鏡像段階論」、ポスト構造主義者のジュリア・クリステヴァやロラン・バルトの「間テキスト性」をふんだんに利用している。訳者が指摘するように、ポストモダン流に読み込んだマルクス論はよく見られるが、マルクス主義者によるポストモダン流のレーニン論としては、世界ではじめての試みなのかもしれない。

著者：張一兵（チョウ・イッヘイ）は、一九五六年生、南京大学卒業、南京大学教授。著書に『フーコーへ帰れ――暴力的秩序構築と生の内政のディスクールの情況構築』（中野英夫訳、情況出版、二〇一九年）、『マルクスへ帰れ――経済学的コンテキストにおける哲学的言説』（中野英夫訳、情況出版、二〇一三年）など。

第11章 東アジアに哲学はあるのか?

——牧野英二編『東アジアのカント哲学——日韓中台における影響作用史』(法政大学出版局、二〇一五年)

東アジアの知識人たちは、西洋思想史の古典であるカント哲学をどのように受容し、解釈し、そして批判してきたのか。本書は、日本・中国・台湾・韓国の哲学研究者がカントを翻訳紹介してきた歴史的文脈、その政治的意味、さらには相互の影響関係を、各国の第一線のカント研究者たちが跡づける「国際共同研究」の成果である。日本からは編者の牧野英二、中国からは中国人民大学の李秋零(リ・シュウレイ)と台湾中央研究員の李明輝(リ・メイキ)、そして韓国からはソウル大学の白琮鉉(ペク・ジョンヒョン)と梨花女子大学の韓慈卿(ハン・ザギョン)が、各国のカント研究の事情を翻訳と受容史の側面から紹介していく。

第一部「日本における翻訳・受容史」は、第一章「幕末から第二次世界大戦敗戦まで」と第二章「第二次世界大戦敗戦後から二十一世紀まで」に分けられて、日本のカント研究の歴史が、明治・大正・昭和から平成まで、翻訳史と受容史という観点から簡潔にまとめられている。なかでも訳語論争は、日本のカント研究者には知られているのだろうが、他分野の研究者には大いに参考になる。カント哲学文献の翻訳史とカント哲学の受容史は、これからカントの本を日本語で読んでみたいという一般の読者にとって、あるいは、カント哲学を研究してみようと志す若い読者にとって、日本におけるカント研究史を概観するためのよき手引きとなる。

しかし、研究史をていねいにたどる編者の狙いは、第一部の結語「今日の日本のカント研究」の「研究上の制限や課題」にあるのではないだろうか。すなわち日本のカント研究が、第一に、欧米の研究の翻訳・紹介にとどまること、第二に、テキスト内在的な解釈にとどまること、第三に、高度に専門化して細分化していること、第四に、「研究のための研究」になっていることである。とはいえこれらの指摘は、カント研究のみならず他の哲学研究にも当てはまることだろうし、もっといえば日本の人文社会科学研究すべてに当てはまることだろう。そうだとすると評者であれば、「日本のカント研究」というものがそもそも存在しうるのか、と逆に問い直してみたくなるのだが、どうだろうか。

第二部「中国・香港・台湾における翻訳・受容史」は、まずは、中華人民共和国が成立する一九四九年までのカント研究の歴史を紹介して、そのあとで「中国大陸」のカント研究と「戦後台湾」のカント研究をそれぞれ概観していく。総じていえば、カント哲学が中国に入った最初の段階では、康有為（コウ・ユウイ）など中国の知識人たちはおもに日本語の著作の翻訳と紹介を通じてカント哲学を理解していたという。それがしだいにドイツ語の文献を通じてカント哲学を研究し、そしてドイツに赴いてカント哲学を研究するようになり、ついには国際カント学会と連携して学術交流を図るようにな

った と説明されている。そのうえで中国のカント研究をいかに海外に発信し、どのように国際的な影響を与えていくのかという今後の課題が設定される。「カントを超えたら、新しい哲学が生まれる可能性がある。カントを素通りしてしまえば、悪い哲学が生じてくるだけだ」という中国のことばが教訓的だ。

第三部「韓国における翻訳・受容史」は、西洋哲学が日本と中国を経由して韓国に入ってきたという西洋文化の受容事情を語り、そこからさらに韓国の文化事情を語っていて興味深い。韓国人の国民性や韓国の政治事情を踏まえた一種の韓国文化論にもなっていて面白く読める。異質な西洋思想のなかでも、カントの道徳哲学に儒教思想を見いだす「東洋人」であったり、ヘーゲルからマルクスへと通じる「革命的」思想とは違って、カント哲学が「安全な」思想であったりすることも、受容史や影響史という観点からよく理解できる。カントと仏教、カントと儒教など、東洋哲学との比較研究はよくあるテーマだ。韓国で発表された哲学関連の論文著作を分類すると、第一位の座を占めるのがカントで、その数が年を追うごとに増しているのだという。ちなみに第二位はヘーゲル、第三位はハイデガーであり、以下はプラトン、マルクス、フッサールと続いていく。韓国ではカント学会が学会誌『カント研究』や韓国語版『カント全集』を発行する一方で、哲学の研究者が西洋の概念でもって西洋哲学を研究していて、同じ概念でもって東洋哲学を読み解いている。では今日、私たちはどのような概念を用いてどのように思想を読み解いていくべきなのか、と反省を促す。

なお、韓国語と中国語からの翻訳は日本哲学を研究している韓国人や中国人が担当しているようだが、むしろ、韓国語や中国語に堪能な日本人が翻訳を担当したほうがよかったのではないだろうか。この点は、結論にある編者の翻訳論と「漢字文化圏」へのこだわりにもかかわってくるのだろうが。本書は、編者がよりどころとするディルタイとガダマーの影響作用史を方法論として、日本・中国・台湾・韓国におけるカント研究の相互交流を図るものなので、読者にはまず序論と結論を読むようにお勧めしたい。そうすれば本論もスムーズに読み進めることができるだろう。

さて、本書の韓国版がすでに二〇一四年に刊行されており、中国語版もまもなく刊行されるのだという。たいへん喜ばしいことである。日本では、中江兆民が「わが日本古より今に至るまで哲学なし」と看破し、他方では「カント哲学の存在をドイツ国の誇りである」とも表現していたという。はたして、東アジアに哲学はあるのだろうか。あると考える人も、ないと考える人も、編者の問いかけに興味のある人は、ぜひ本書を手にとってほしい。

著者：牧野英二（まきの　えいじ）は、一九四八年生、法政大学大学院修了、法政大学名誉教授。著書に『「持続可能性の哲学」への道』（法政大学出版局、二〇一三年）、『和辻哲郎の書き込みを見よ！』（法政大学出版局、二〇一〇年）、『崇高の哲学』（法政大学出版局、二〇〇七年）など。

第12章

「ことば」の日本哲学
——藤田正勝『九鬼周造——理知と情熱のはざまに立つ〈ことば〉の哲学』（講談社、二〇一六年）

九鬼周造（一八八八〜一九四一年）は、東京大学を卒業したのちヨーロッパに留学して、ドイツではリッケルト、フッサール、ハイデガーに、フランスではベルクソン、サルトルに学び、帰国後は京都大学でフランス哲学や現象学を教えながら、日本の文化や芸術を追究した。「いき」「偶然性」「時間」「美」「押韻」など、考察の対象はきわめて多岐に及んでいるが、九鬼の哲学には一貫した問題意識が見られる。『「いき」の構造』（一九三〇年）、『偶然性の問題』（一九三五年）、『文芸論』（一九四一年）など、九鬼の主要著作を貫くものとは何か。それは、著者によれば、理知と情熱のはざまに立つ「ことば」の哲学である。

たしかに、論理的な普遍性を求める哲学にとって、人がどこに住み、どのようなことばを話すのかは重要ではない。しかし、哲学もまたそれぞれの場所で、それぞれの母語を用いてなされる人間の営みであり、それぞれの言語が有する独自性、あるいはその制限からけっして自由ではない。著者が指摘するように、それぞれの言語がそれぞれの思想に、独自の「色合い」を与えているのであり、九鬼の表現では、ベルクソンの哲学はパリで生まれた瀟洒な性格を有し、ハイデガーの陰鬱な哲学はドイツのシュヴァルツヴァルトの黒味を帯びている。哲学的な思索は「民族」のあり方を表明する「ことば」を用いてなされるのである。

では、九鬼の『「いき」の構造』は、日本の文化や伝統の特徴を端的に表していただろうか。著者はこの問題を二つに分けて考えていく。一つは、「わび」や「さび」などを差し置いて、「いき」は日本美を代表することばとなりうるのか、もう一つは、「いき」は外国の言語や文化には見られない日本独自のことばでありうるのか、という二つの問題である。かりに、「いき」の独自性を手がかりにして、日本人の美意識を浮かび上がらせることができたとしても、そもそも、ヨーロッパの概念装置で、そしてそれとの比較において日本的なものを把握することができるのかどうか。さらには、私たちにとって、ヨーロッパの概念体系を追い求めることは、必要かつ正当なものなのかどうか。こうした問いに対して、九鬼の「ことば」の哲学はどのような答えを与えてくれたのだろうか。

著者によれば、九鬼はすべてを西洋の概念の枠組みのなかで考えようとしたわけでも、東洋の伝統のなかに閉じこもろうとしたのでもなく、むしろ、一方で西洋の哲学の伝統と正面から向きあいつつ、しかし他方では東洋や日本の思想ないし文化の伝統を踏まえて、哲学の新しい展開の可能性を探ろうとしたのだという。もちろんそうだろう。「いき」は歴史のなかで培われてきた価値意識の一部でしかなく、その分析を通して日本の文化の総体を示すことができるわけではないのだから。しかし九鬼は「ことば」を通して、哲学がいかに現実に肉薄し、いかに自らを豊かにしうるのかを示そうとしたのであり、そして著者の見通しでは、九鬼が切り拓いた地平の上に立って日本の哲学にいっそう豊かな内容を付与することは、後世に託された課題となるのである。

また、具体的な体験を概念によって把握することで哲学を「生きた哲学」にしようとしていた九鬼は、『偶然性の問題』においても、必然性と偶然性とを結びつけることによって、「論理そのものに生命をもたらし、学問に具体的価値を賦与する」ことをめざしていた。著者は九鬼の哲学を「生の論理学」を構築しようとする試みとして読み解くのだが、九鬼自身はこの課題に十分に応えていたわけではない。これらの点は詳しく展開されることもなく課題として残されたままだった。

以上のように、本書は、九鬼の主要著作をていねいに読み解きながらも、その問題点と課題をも鋭く指摘していく。希有の哲学者・九鬼周造の「ことば」の真髄に迫る本書は、バランスのとれた目配りと抑制の利いた筆致で、九鬼の生涯と思想を描き出した最良の入門書であるといえよう。

著者：藤田正勝（ふじた　まさかつ）は、一九四九年生、ボーフム大学大学院修了、京都大学名誉教授。著書に『哲学のヒント』（岩波新書、二〇一三年）、『西田幾多郎の思索世界』（岩波書店、二〇一一年）、『西田幾多郎』（岩波書店、二〇〇七年）など。

第 V 部

生と死の倫理

第13章 「一者」に向かう倫理学
――座小田豊・栗原隆編『生の倫理と世界の論理』（東北大学出版会、二〇一五年）

いまから十数年前、ドイツ人のヘーゲル研究者の講演を聴いたあと、帰りの電車で日本のヘーゲル研究者といっしょになった。そのとき、乗り合わせた高名な先生に「なぜヘーゲル研究から生命倫理学にシフトしたのですか」と尋ねてみたところ、その先生はつぎのように語ってくれた。神田の北沢書店で本を眺めていたら、『バイオエシックス』という英語の本があって、パラパラめくってみると「面白そうだったので日本に紹介した」とのことだった。ウソかホントかわからないが、研究の世界ではその筋の大家である先生の「生」のヒミツに触れたようで、何だかうれしかったのを覚えている。

私たちが「生」というとき、多分に共感的な関係でもって私をとりまく全体的なものを想定する。「世界」というときには、私の意志から独立した地理的な関係、社会的な関係、歴史的な関係等を含む全体的なものを想定する。生には社会の規約である「倫理」が大いに影響し、世界には構造的な認識をなす「論理」が、一定限度で成り立つ。生と世界は連続している。このように語りはじめる本書は、序文「生と世界」を基点として、思想史の隠された脈絡を三つの部門から明らかにしていく。

哲学史にあって隠されていた水脈を掘り起こす第一部「哲学史研究の再構築」は、共感と感覚を手がかりに、生のありさまと世界の成り立ちを、テキストという豊かな広がりのなかに読み解こうとする。アリストテレスの共通感覚論からカントの美的意識論へ、モリヌー問題から認知科学へ、思想史を貫く理路が縦横自在に織りなされ、多様で魅力的な思想史のタペストリーをなす。

第二部「ヘーゲル哲学研究の革新」は、音楽好きのヘーゲルから生の弁証法へ、神の死から現在という精神の真昼へ、日本のヘーゲル研究の水準と内容を世界水準へと高めるほどの論考が配置されている。思想史の隠されていた脈絡を明らかにするところにこそ、共同研究の醍醐味とその意義があるといえる。

そして何よりも第三部「応用倫理学の可能性」において、日本に生命倫理学を根づかせ、環境倫理学を主導して、多くの若手研究者に道を拓いた、応用倫理学の問題が展開される。ここでは、医療倫理における倫理原則を問い、応用倫理学はどのように幸福を扱いうるかと問い、そして技術倫理の根底にあるものに疑問を投げかける。

応用倫理学は、目標もなくただ対立する意見の調整に明け暮れているように見えるが、人間社会の倫理は、本書が語るように、いつも究極の「一者」に向けて統合の試みを続けている。部分の自発性の最大限が、全体としての統合の最大限になるような調整が求められているのである。これを本書はプロティノスの生にまで遡って探求していく。生の概念は、多様なものを統合する結節点を生み出すのだが、それを一つの機能に組み替えて世界の論理を組み立てていく。こうした方向性のもとで展開された十二の論考が、本書のなかで「生の倫理と世界の論理」という問題設定から並べられている。

たしかに本書は哲学史をめぐる共同研究の集大成である。しかし哲学史といっても、それはただ過去を見つめる営みではない。むしろ本書で語られる、二つの顔を持つ「ヤヌス」が前と後ろを同時に見渡すように、過去から現在を経て未来へと進んでいく概念の運動である。ヤヌスはあらゆるものを精力的に取り込んでいき、そこから新しいヤヌスが生まれて育っていく。それが本書である。そういえば、かの先生の（若手研究者へ向けての）戒めに「二足のわらじを履け」というものがあった。

本書は、ヘーゲル研究者だった加藤尚武へ向けての「喜寿記念論集」である。一見したところ、関係のある人たちが、それぞれ関係のない論文を書いて、それらを無理やり関係づけたものにも見える。だが、そうではない。「結合と非結合の結合」というヘーゲルのことばを引いているように、じっくり読むと加藤ワールドの広がりとその吸引力の強さが見えてくる「生の世界」なのである。そのことは編者の「あとがき」にあるエピソードからもはっきりと読み取ることができる。

編者：座小田豊（ざこた　ゆたか）は、一九四九年生、東北大学大学院修了、東北大学名誉教授。編著に『自然観の変遷と人間の運命』（東北大学出版会、二〇一五年）、『防災と復興の知』（東京大学出版会、二〇一四年）、『今を生きる――東日本大震災から明日へ！　復興と再生への提言』（東北大学出版会、二〇一二年）など。

編者：栗原隆（くりはら　たかし）は、一九五一年生、神戸大学大学院修了、新潟大学名誉教授。編著に『感情と表象の生まれるところ』（ナカニシヤ出版、二〇一三年）、『世界の感覚と生の気分』（ナカニシヤ出版、二〇一二年）、『共感と感応』（東北大学出版会、二〇一一年）など。

第14章　自然災害と科学技術による人災——座小田豊編『自然観の変遷と人間の運命』（東北大学出版会、二〇一五年）

自然は人間のいのちを養い育てるものでありながら、ときには人間のいのちを奪い去りもする。人間は災害を引き起こす自然を「運命」として受け止めつつも、自然を克服する術を求めて科学技術をたえず発展させていく。ところがいまや、科学と技術という人間の営みが制御できなくなり、これもまた運命として私たちの生に大きな影響を及ぼしている。たとえば、科学技術が人間の処理能力をはるかに超える核廃棄物を生み出したのも、それ自体が人類の運命の鍵を握るにいたったからだといえよう。

このように語りはじめる本書は、東北大学の哲学・倫理学研究室による「自然観の展開と人間的営為の運命」に関する共同研究の成果報告集である。もとよりこの研究は、二〇一一年三月十一日の東日本大震災と福島第一原子力発電所の事故によって引き起こされた深刻な事態を目の前にして、そこに起因するさまざまな問題にどのように対応できるのかという哲学的・倫理学的観点から企画されたものであろう。だが何よりもそこには、東日本大震災という自然災害と原子力発電所がもたらした人災に直面しながら、「自然災害と科学技術による人災をどのように考えればよいのか」という大きな問題も提起されている。

　自然と科学技術にかかわる問題を解きほぐそうとする本書は、三つの部分に分けて、それぞれに「自然観の展開」と「人間的営為の運命」という主題を設定し、哲学的・倫理学的な観点から問題を解明していく。第一部「思想史の観点」では、アリストテレスとデカルトの倫理学がピュシスとノモスの視点から考察され、ヘーゲル哲学のもとで自然の根源が探られ、フッサールとブルーメンベルクでは人間にとっての地球の意味が問われる。第二部「運命論の観点」では、ジンメルを手がかりに自然災害の「運命論的語り」が構造分析され、ハイデガーからは（脱）人間中心主義をめぐる自然の意味が説かれ、石原慎太郎と末木文美士の言説をもとに震災のときに唱えられる「天罰論」が取り上げられる。第三部「科学技術と自然観」では、ワインバーグのトランス・サイエンス理論から意思決定への市民参加の可能性が検討され、自然観の多様性と変化が国際的な比較調査を通して概観される。さらに身近なところでは、中学校の社会科教科書を資料にして東北地方のイメージの移り変わりが追跡され、最後に、技術的行為のあり方から他者としての自然が考察される。

　このように本書には、自然と人間のかかわりを問うさまざまな論考が収められているが、東北大学の哲学・倫理学研究室に所属する執筆者たちに共有されているのは、もちろん九年前の東日本大震災を原因とする福島第一原子力発電所の事故であったであろう。自然災害と現代の科学技術による人災がもたらした事態をどのように考えていけばよいのか。問題を提起する本書からは、いまなおその道筋さえ見通せない状態が続いているのがうかがえる。科学がもたらす恩恵とその代償の不釣り合いが大きく浮かび上がっている現在、こうした深刻な事態を前にして私たちは何をなすべきなのか。これが本書の提示したもっとも大きな問いである。

本書には、この問いに対して何らかの手がかりを探ってきた跡が示されているものの、もちろん編者も認めるように、このようにすれば問題は解決できるというような安易な策が提示されているわけではない。それは、私たちがいまなお深い混迷のなかにありながら、たとえそうではっても、私たちがただ困惑のなかにとどまり続けているわけではないことを証左しているのであろう。努力を積み重ね続けていくならば「人間の営み」について何らかの示唆を得ることができることを、本書は示してくれているように思う。私たちの前にはまだ課題が山積していることを教えてくれる大切な一書である。

編者：座小田豊（ざこた　ゆたか）は、一九四九年生、東北大学大学院修了、東北大学名誉教授。編著に『生の論理と世界の論理』（東北大学出版会、二〇一五年）、『防災と復興の知』（東京大学出版会、二〇一四年）、『今を生きる――東日本大震災から明日へ！　復興と再生への提言』（東北大学出版会、二〇一二年）など。

第15章 生命の倫理学から死の哲学へ

――加藤尚武『死を迎える心構え』(PHP出版、二〇一六年)

「父親は九十歳まで生きていたので、自分も九十歳まで生きるだろう」

かつてそう予言していた哲学者がいた。たしかな根拠はなかったものの、自信に満ちたそのことばを聞いて、妙に納得するところがあった。哲学者でなくても、人間にとって「死」はつねに気になるものだ。しかし、だれにも経験としては語れないこの問題を、本書では、哲学者として、生命倫理学者として、いまなお現役で活躍しつづける著者が、古今東西の知見を集約して、わかりやすいことばで説き明かしてくれる。

死について、文理融合、東西融合、古今融合という三融合をめざす本書は、まずは、最先端から見た死の自然科学を集約して、哲学・法律・宗教の知恵と比べていく。つぎに、西洋の文化史だけでなく、インド・中国・日本の伝統思想にも知恵を求め、そして古今融合へと向かう。生命と死の進化論から始まる本書は、死について確実に語りうることを、いまの時点で集約して、生命倫理学へと結実する。

生命倫理学はかねてより、「パターナリズムから自己決定へ」というスローガンを掲げてきた。患者の自己決定を尊重するこの考えは、患者が六十代で死亡する場合には正しかった。だが、人が九十歳代で死亡するこれからの時代には、「自己決定からパターナリズムへ」と方向転換しなければならない。自分で決めることが困難になれば、たとえ見繕いであっても、周りの人が当人にとっての最善を追求しなくてはならない。これが著者の考えだ。

高齢になれば、だれもが自分の死に方を考えるだろう。著者の指摘を待つまでもなく、「他人に迷惑をかけずに、静かに死にたい」というのが一般的なところだ。死ぬときまで他人に遠慮する必要はないという考えもあろうが、しかし、生き残る人への思いやりも忘れないようにしたい。これももっともな考えだが、最期を看取って死につかせてくれる人がいないと、死ぬことも許されず、いつまでも生理的な循環だけが維持されることになる。しっかり死ぬためには、いまでは、他人の協力が不可欠なのだ。

ここで、死を迎える心構えについて、実例を挙げて考えてみよう。たとえば、著者は、自分が重い認知症ではないならば、胃瘻《いろう》をつけることも承諾したいという。でも、認知症が進んでいったら、そのときには、胃瘻をはずして死なせてほしいとも付け加える。

なるほど、人間は自分のことを自分で決めたいし、その権利もある。しかし、老いて認知症が進んだとき、当人の判断を意思とみなしてよいのだろうか。意思があるとは、少なくとも、自分の判断をことばで相手に伝え、相手の行動を確かめることのできる状態だろう。では、意思の疎通ができなくなったら、つまり、コミュニケーションがとれなくなったら、どうするのか。

最後は、相手を信頼できるかどうかにかかっている。

そこで、著者はひとつの試みとして、人生を数値で表すことのできる「計算機」を作ってみる。たとえば、自分の寿命をきくと、両親の死亡年齢の平均に五％を上乗せして、「九十二歳で亡くなります」という答えが返ってくる。いつまで文章を書いていられるかときくと、脳のＭＲＩ画像を見て、「八十一歳で日常生活に支障はないが、学術的評価に耐える文章を作成することは困難になる」という結果が出てくる。

著者は、「もの書き」の仕事ができなくなったら「絵描き」になりたいとも語るが、文章にも、絵画にも、あらゆる場面で飛び抜けた才能を示していた、あの天才的な哲学者はいつ、どのような最期を迎えるのだろうか。

できることなら、死ぬときまでに決めておくべきことを調べ上げ、死ぬことへの準備に抜け落ちがないようにしたい。老若男女を問わず、人の死について少しでも考えてみたことのある人に、本書をお勧めする。

著者：加藤尚武（かとう　ひさたけ）は、一九三七年生、東京大学大学院修了、京都大学名誉教授。著書に

『合意形成の倫理学』（丸善、二〇〇九年）、『資源クライシス』（丸善、二〇〇八年）、『現代人の倫理学』（丸善、二〇〇六年）など。

あとがき　初出一覧

本書に収録した書評の初出はつぎのとおりである。なお、収録にあたって内容を大幅に書き改め、表記を緩やかに整えている。

第1章　久保陽一著『初期ヘーゲル哲学研究——合一哲学の成立と展開』（東京大学出版会、一九九三年）、京都ヘーゲル読書会『ヘーゲル学報——西洋近現代哲学研究』第四号、一九九九年、二四六〜二五四ページ。

第2章　小島優子著『ヘーゲル　精神の深さ——『精神現象学』における「外化」と「内化」』（知泉書館、二〇一一年）、日本ヘーゲル学会編『ヘーゲル哲学研究』第十九号、二〇一三年、一七一〜一七四ページ。

第3章　青木茂著『ヘーゲルのキリスト論——十字架の哲学』（南窓社、一九九五年）、実存思想協会編『実存思想論集』第十一巻、一九九六年、一七一〜一七四ページ。

第4章　フランツ・ローゼンツヴァイク著『ヘーゲルと国家』（作品社、二〇一五年）、『週刊読書人』第三一一九号、二〇一五年十二月十一日、四ページ。

第5章　権左武志著『ヘーゲルにおける理性・国家・歴史』（岩波書店、二〇一〇年）、日本ヘーゲル学会編『ヘーゲル哲学研究』第十八号、二〇一二年、一六〇～一六四ページ。

第6章　神山伸弘編『ヘーゲルとオリエント――ヘーゲル世界史哲学にオリエント世界像を結ばせた文化接触資料とその世界像の反歴史性』（科研費報告書、二〇一二年）、日本ヘーゲル学会編『ヘーゲル哲学研究』第十九号、二〇一三年、一九一～二〇三ページ。

第7章　山口和子著『後期シェリングと神話』（晃洋書房、二〇〇四年）、日本シェリング協会編『シェリング年報』第十三号、二〇〇五年、八九～九二ページ。

第8章　松山壽一著『造形芸術と自然』（法政大学出版局、二〇一五年）、『週刊読書人』第三一二三号、二〇一六年一月十五日、四ページ。

第9章　マルクス・ガブリエル／スラヴォイ・ジジェク著『神話・狂気・哄笑――ドイツ観念論における主体性』（堀之内出版、二〇一五年）、『図書新聞』第三二三九号、二〇一六年一月二十三日、六ページ。

第10章　張一兵著『レーニンへ帰れ』（世界書院、二〇一六年）、『情況』第四期第五巻第三号、二〇一六年六・七月号、二〇一六年七月、三〇～三三ページ。

第11章　牧野英二編『東アジアのカント哲学――日韓中台における影響作用史』（法政大学出版局、二〇一五年）、『週刊読書人』第三〇八四号、二〇一五年四月十七日、四ページ。

第12章　藤田正勝著『九鬼周造――理知と情熱のはざまに立つ〈ことば〉の哲学』（講談社、二〇一六年）、『図書新聞』第三二六六号、二〇一六年八月六日、六ページ。

第13章　座小田豊・栗原隆編『生の倫理と世界の論理』（東北大学出版会、二〇一五年）、『図書新聞』第三二〇六号、二〇一五年五月九日、六ページ。

第14章　座小田豊編『自然観の変遷と人間の運命』（東北大学出版会、二〇一五年）、『図書新聞』第三二四三号、二〇一六年二月二十日、六ページ。

第15章　加藤尚武著『死を迎える心構え』（ＰＨＰ出版、二〇一六年）、『週刊読書人』第三一四六号、二〇一六年七月一日、四ページ。

二〇二〇年　秋

寄川条路

《著者紹介》

寄川条路（よりかわ　じょうじ）

1961年，福岡県生まれ．ドイツ・ボーフム大学大学院修了，文学博士．元・明治学院大学教養教育センター教授．専門は思想文化論．日本倫理学会和辻賞，日本随筆家協会賞などを受賞．

おもな作品

（単著）

『教養としての思想文化』晃洋書房，2019年．

『ヘーゲル――人と思想』晃洋書房，2018年．

『今泉六郎――ヘーゲル自筆本を日本にもたらした陸軍獣医』ナカニシヤ出版，2015年．

『東山魁夷――ふたつの世界，ひとすじの道』ナカニシヤ出版，2014年．

『新版　体系への道――初期ヘーゲル研究』創土社，2010年．

『ヘーゲル哲学入門』ナカニシヤ出版，2009年．

『〈あいだ〉の解釈学――異文化の理解にむけて』世界書院，2006年．

『ヘーゲル『精神現象学』を読む』世界思想社，2004年．

『東洋と西洋――カール・レーヴィットと鈴木大拙』中部日本教育文化会，2003年．

『構築と解体――ドイツ観念論の研究』晃洋書房，2003年．

（編著）

『大学の自治と学問の自由』晃洋書房，2020年．

『大学の危機と学問の自由』法律文化社，2019年．

『大学における〈学問・教育・表現の自由〉を問う』法律文化社，2018年．

『ヘーゲルと現代社会』晃洋書房，2018年．

『ヘーゲルと現代思想』晃洋書房，2017年．

『ヘーゲル講義録入門』法政大学出版局，2016年．

『新しい時代をひらく――教養と社会』角川学芸出版，2011年．

『若者の未来をひらく――教養と教育』角川学芸出版，2011年．

『グローバル・エシックス――寛容・連帯・世界市民』ミネルヴァ書房，2009年．

『インター・カルチャー――異文化の哲学』晃洋書房，2009年．

『メディア論――現代ドイツにおける知のパラダイム・シフト』御茶の水書房，2007年．

『生命と倫理』学陽書房，2004年．

（翻訳）

ヘーゲル『美学講義』法政大学出版局，2017年．

オットー・ペゲラー編『ヘーゲル講義録研究』法政大学出版局，2015年．

カール・ローゼンクランツ『日本国と日本人』法政大学出版局，2015年．

ヘーゲル『初期ヘーゲル哲学の軌跡――断片・講義・書評』ナカニシヤ出版，2006年．

哲学の本棚
——書評集成——

2020年11月30日　初版第1刷発行　＊定価はカバーに
表示してあります

著　者　寄　川　条　路©
発行者　萩　原　淳　平
印刷者　田　中　雅　博

発行所　株式会社　晃　洋　書　房
〒615-0026　京都市右京区西院北矢掛町7番地
電話　075（312）0788番㈹
振替口座　01040-6-32280

装丁　神田昇和　印刷・製本　創栄図書印刷㈱

ISBN 978-4-7710-3421-1